OLSUN

GÖNÜL CANDAŞ

32. Baskı

Sevgili Orhan,
Güzel yemekler sofralara
mutluluk katar,
Keyifle yiyeceğin yemekler
yapman dilekleriyle
12.01.2017

BEREKETLİ OLSUN

yemek, tatlı, pasta,
bisküvi, içecekler

GÖNÜL CANDAŞ
AİLE EKONOMİSİ ve BESLENME ÖĞRETMENİ

32. Baskı

arkadaş

arkadaş YAYINEVİ
Yuva Mahallesi 3702. Sokak No: 4 Yenimahalle / Ankara
Tel:+90-312 396 01 11 Faks: +90-312 396 01 41
www.arkadas.com.tr
Yayıncı Sertifika No: 12382
Matbaa Sertifika No: 16216

ISBN 978-975-509-059-7

Ankara, 2016

32. Baskı

Yayıma Hazırlık : Arkadaş Yayınevi
Baskı : Fersa Matbaacılık Paz. San. Tic. Ltd. Şti.
Ostim 36 Sok 5/C Yenimahalle / Ankara

ÖNSÖZ

Güzel yemek pişirmek muhakkak ki bir sanattır. Ancak çağımızın kadını beslenme tekniğini de bilmeli, sağlığın çok yemekle değil, dengeli beslenmekle kazanılabileceğini unutmamalıdır.

Besin değeri yanında aile bütçesine uygun, ekonomik, kolay hazırlanabilir, güzel görünümlü, lezzetli yemek pişirmek ev kadınının başta gelen görevlerinden biridir.

Bu amaçla çok marifetli hanımlarımıza, kabiliyetli genç kızlarımıza yararlı olacağına inandığım kitabım, uzun seneler meslek ve ev - kadınlığı tecrübelerime dayanmaktadır. Kitabımdaki yemekleri inceleyerek, seçerek ve uygulayarak yazdım. Arada "kısa bilgiler" vermeyi de faydalı bularak bu emeğimi takdirlerinize sundum.

Malzeme tam kullanılır, yapılışlar dikkatle uygulanır ve pişirme süresi tam ayarlanırsa güzel sonuçlar alınacağı muhakkaktır.

Ancak, güzel bir yemekte, insanın kişiliğini yansıtan buluş da olmalıdır. Bence yapılan yemek, tariflerin üstüne çıkılabildiği ölçüde değerlidir, güzeldir, lezzetlidir.

Güzel yemek pişirmek ve ikram etmek, sosyal ilişkileri geliştirir, insana manevi bir zevk verir.

Bu zevki duyan saygı değer hanımefendilere ve sevgili kızlarımıza kalpten selâmlar...

Gönül Candaş

Sevgili Annemin ve Babamın Anısına
Saygılarımla...

İÇİNDEKİLER

BÖLÜM 1 ÇORBALAR

Et suyu nasıl çıkarılır? 19
Soğanlı şehriye çorbası 20
Mercimek çorbası 21
Şehriyeli yeşil mercimek çorbası 22
Şafak çorbası 23
Balık çorbası 24
Borç çorbası 25
Düğün çorbası 26
Sebze çorbası 27
Patates çorbası 28
Mantar çorbası 29
Soğan çorbası 30
Yayla çorbası 31
Erzincan çorbası 32
Yuvarlama (Aydın'dan) 33
İşkembe çorbası 34
Tarhana (kışlık) 35

BÖLÜM 2 SEBZELER, SALATALAR, TURŞULAR

Etli dolmalar 39
Zeytinyağlı dolmalar 40
Midye dolması için midyelerin hazırlanması 41
Etli taze sebzeler 42
Zeytinyağlı taze sebzeler 43
Etli kuru sebzeler 44
Zeytinyağlı kuru sebzeler 45
Hünkar beğendi 46
İmam bayıldı 47

Patlıcan karnıyarık ... 48
Zeytinyağlı ekşili pırasa ... 49
Zeytinyağlı kereviz ... 50
Zeytinyağlı iç baklalı enginar ... 51
Kabak mücveri ... 52
Ispanak kökü mücveri ... 53
Ispanak püresi ... 54
Taze sebze soteleri ... 55
Patates püresi ... 56
Zeytinyağlı havuç ezmesi ... 57
Fava ... 58
Humus ... 59
Hibeş (Antalya'dan) ... 60
Tarator ... 61
Tarama ... 62
Yoğurtlu-havuçlu patates salatası ... 63
Patlıcan salatası ... 64
Mamzana (Edirne'den) ... 65
Rus salatası ... 66
Mayonezli kereviz salatası ... 67
Enginar salatası ... 68
Sepet domates salatası ... 69
Kısır ... 70
Ordövr ... 71
Lahana turşusu ... 72
İçi doldurulmuş biber turşusu ... 73
Salatalık - biber turşusu (çabuk) ... 74
Kırmızı pancar turşusu ... 75
Elma sirkesi ... 76

BÖLÜM 3 ETLER

Kuru köfte 79
Kadın budu köfte 80
Havuçlu sulu köfte 81
Bulgurlu köfte 82
Rosto köfte 83
Patates köftesi 84
Patlıcanlı köfte 85
Beyaz peynir köftesi 86
Peynirli patlıcan 86
Soğan köftesi 87
Çiğ köfte 88
İçli köfte 89
Kolay içli köfte 90
Şark köftesi 91
Mercimekli köfte 92
Patatesli bulgurlu köfte 93
Rosto 94
Buğu kebabı 95
Orman kebabı 96
Şiş kebabı 97
Yoğurtlu pideli kebap 98
Yufkalı pirzola 99
Beşamel salçalı pirzola 100
Sebzeli koyun eti (haşlama) 101
Kuzu kapama 102
Salçalı biftek 103
Peynirli biftek 104
Şinitsel 105
Beyin tava 106
Ciğer tava 107

Sebzeli piliç ... 108
Çerkez tavuğu ... 109
Fırında tavuk graten ... 110
Mayonezli balık ... 111
Balık pilaki ... 112
Jöleli soğuk et ... 113

BÖLÜM 4 PİLAV, MAKARNA VE YUMURTALAR

Tavuklu bahar pilavı ... 117
Kabune ... 118
İç pilav ... 119
Perde pilav (Siirt'ten) ... 120
Pilavlı tas kebabı ... 121
Domates soslu makarna ... 122
Şaraplı sos ... 123
Fırında makarna graten ... 124
Mantı ... 125
Peynirli omlet ... 126
Menemen ... 127
Yumurtalı domates dolması ... 128
Fırında salamlı yumurta ... 129

BÖLÜM 5 TATLILAR

Tel kadayıf (sütlü) ... 133
Aşure ... 134
Revani ... 135
Yoğurt tatlısı ... 136
Hanım göbeği ... 137
Tulumba tatlısı ... 138
Şekerpare ... 139
Etimek tatlısı ... 140
Un helvası ... 141

İrmik helvası ... 142
Murtağa ... 143
Höşmerim ... 144
Lokma ... 145
Cevizli izci tatlısı ... 146
Nemse baklava ... 147
Fırında sütlaç ... 149
Tez pişti ... 150
Kazan dibi ... 151
Sütlü irmikli puding ... 152
Krep süzet ... 153
Krem karamel ... 154
Çikolatalı sofra kremi ... 155
Kremalı elma ... 156
Türbanlı elma ... 157
Krem bavaruva ... 158
Çikolatalı krem jöle ... 159
Fındıklı puding ... 160
Çikolatalı sos ... 161
Kabak tatlısı ... 162
Limon peltesi ... 163
Portakal jölesi ... 164
Meyve salatası ... 165
Kestane püresi ... 166

BÖLÜM 6 KEK, PASTA, TATLI VE TUZLU BİSKÜVİLER BÖREK - ÇÖREK VE KANEPELER

Kek ve pasta yaparken ... 169
Sade kek ... 170
Üzümlü kek ... 171
Kakaolu kek ... 172
Düdüklü tencere keki ... 173

Taze meyveli kek 174
Yağlı kek 175
Gazozlu kek 176
1-2-3-4 keki 177
Portakallı kek 178
Elma püreli kek 179
Meyveli yılbaşı keki 180
Sütlü kakaolu kek 182
Tarçınlı karanfilli kek (Köşk'ten) 183
Likörlü kek 184
Peynirli kek 185
Zeytinli ekmek (Kıbrıs'tan) 186
Marmelatlı pratik rulo pasta 187
Kremalı rulo pasta 188
Alman pastası 190
Cevizli pasta 191
Çikolatalı yuvarlak pasta 192
Taze peynirli hazır pasta 194
Çikolatalı pasta cilası - Krem şanti 195
Yağlı krem 196
Papatya pastası 197
Jöleli, meyveli yuvarlak pasta 198
Elmalı bisküvi pastası 200
Bakan pastası 201
Milföy pastası 202
Kakaolu elmalı puding 204
Hoppa puding (fırınsız) 205
Oraletli pasta (amonyaklı pasta) 206
Şuala krem - Ekler pastası 207
Savayer bisküvisi 208
Kedi dili 209
Elmalı kurabiye 210

8 mayalı elmalı çörek 211
Elmalı tart 212
Lor peyniri keki 213
Paskalya çöreği 214
Ay çöreği 215
Anasonlu simit 216
Un kurabiyesi 217
Kayısı bisküvisi 218
Sable bisküvisi 219
Dostlar kurabiyesi 220
İki renkli bisküvi 221
Beze 222
Hindistan cevizli beze (Koko) 223
Portakallı kurabiye 224
Bereketli kurabiye 225
Lor kurabiyesi 226
Tuzlu çubuk 227
Peynirli bisküvi 228
Bir tuzlu kurabiye 229
Yağlı simit 230
Kandil simidi 231
Peynirli pide 232
Peynirli pide (başka usül) 233
Tepsi çöreği 234
Kabaklı tart 235
Kolay peynirli tepsi çöreği 236
Kolay pizza 237
Kusursuz pizza 238
Patatesli tuzlu ay çöreği 239
Patatesli ay çöreği (başka usül) 240
Su böreği 241
Yoğurtlu börek 242

Karaköy poğaçası 243
Mayalı poğaça 244
Rus böreği 245
Puf böreği 246
Katmer 247
Sosisli üç yufka böreği 248
Hazır yufkadan tavuklu börek 249
Konken böreği 250
Kolay börek 251
Patates suflesi - Ekmek suflesi 252
Peynirli dilber böreği 253
Talaş böreği 255
Çubuk böreği 256
Kıymalı tepsi böreği 257
Sarıyer böreği 259
Katmerli peynirli muska böreği 260
Sütlü ekmek 261
Mayonezli peynirli kanepe 262
Taratorlu kanepe 263
Ançuezli kanepe 264
Tahinli kanepe 265
Peynirli sarımsaklı kanepe 266

BÖLÜM 7 REÇELLER, MARMELATLAR, LİKÖRLER, KOKTEYLLER, İÇECEKLER, DONDURMA VE ŞEKERLEMELER

Çilek reçeli (Vişne - Kiraz) 269
Ayva reçeli - Ayva kompostusu 270
Kayısı reçeli (Kızılcık - Erik - Şeftali) 271
Portakal reçeli 272
Amber reçeli 273
Marmelatlar (Ayva, erik, elma, kayısı, şeftali) 274

Portakal kabuğu marmelatı ... 275
Portakal mandalina likörü (Muz, çilek, vişne) ... 276
Alkolsüz vişne likörü ... 277
KOKTEYLLER:
Gece yarısı boğaziçi, Uzay 1999,
Side akşamları, Uçak keyfi ... 278
Safinaz, Anne busesi, Melek ve şeytan,
Armağan, Kral için ... 279
Bol ... 280
SOĞUK SÜTLÜ İÇECEKLER:
Muzlu süt, Kahveli süt, Kayısılı süt ... 281
Şeftalili süt, Ananaslı süt, Çikolatalı süt ... 282
ALKOLSÜZ SOĞUK İÇECEKLER:
Limonlu soda, Vişneli soda, Dondurmalı soda,
Limonlu domates suyu ... 283
FİZLER:
Amerikan fiz, Cin fiz, Royal fiz ... 284
FİLİPLER:
Brandy filip, Şokola filip, İngiliz punç ... 285
ŞURUPLAR:
Gül şurubu ... 286
Kızılcık şurubu (Yazlık, kışlık) ... 287
Limonata ... 288
Boza ... 289
Tükenmez ... 290
DONDURMALAR:
Kaymaklı dondurma ... 291
Vanilyalı dondurma ... 292
Çikolatalı dondurma ... 293
Kavun dondurması ... 294
Muzlu dondurma ... 295
Vişneli dondurma (Çilek-Kayısı-Şeftali) ... 296

Limonlu dondurma (Portakal) 297
Frigo 298
ŞEKERLEMELER:
Lokum 299
Kestane şekeri 300
Fındıklı fondan 301
Fıstıklı çikolata 302
Tavuk göğsü 303
Nuga 304
Ayva şekerlemesi (Jöle) 305
Kolay bonbon - Mozaik pasta 306

BÖLÜM 8 ANNEMİN YEMEKLERİ

Pür lezzet 309
Kara kız köftesi 310
Oruk 311
Ekşili 312
Tencere böreği 313
Akıtma 314
Havuçlu kek 315
Anadolu çöreği 316
Bisküvili pelte 318
Yoğurtlu jöle 319
Kurabiye muti 320
Arslan sütü 321
Mayalı elmalı torte 322
Karadeniz keki 324
Alman keki 325
Dondurmalı yanardağ pastası 326
Ispanaklı hazır yufka böreği 328
Manisa kebabı 329

BÖLÜM 1

Çorbalar

ET SUYU NASIL ÇIKARILIR?

MALZEMELER:

- Dana kemiği
- 1 soğan
- Havuç
- Kereviz veya maydanoz sapları
- 1 kahve kaşığı tane karabiber
- 2 defne yaprağı

YAPILIŞI:

1. Kemikler yıkanıp bol su ile kaynatılır. Üzerinde biriken köpükler alınır.
2. Soyulup dörde bölünmüş soğan, havuç, kereviz defne yaprağı ve maydanoz sapları konur. İyice kaynatılır. Tel süzgeçte süzülür.
3. Soğuyunca üzerinde biriken yağlar alınarak atılır.

Kısa Bilgi: *Etsuyu çıkarırken; çok az sirke ilave edilirse et suyu kalsiyum bakımından zengin olur.*

SOĞANLI ŞEHRİYE ÇORBASI

MALZEMELER:

- 2 soğan
- 3 çorba kaşığı sıvı yağ
- 1 çorba kaşığı un
- 4 çorba kaşığı şehriye
- 1 su bardağı süt
- Yarım demet maydanoz
- 6 su bardağı et suyu veya su
- Tuz - Karabiber

YAPILIŞI:

1. İnce doğranmış soğan hafif sararıncaya kadar yağda kavrulur.
2. Un ilâve edilir. 1-2 defa karıştırılır. Et suyu veya su konur, tuz atılır.
3. Kaynayınca şehriye ilâve edilir.
4. Şehriyeler pişince doğranmış maydanoz ve daha sonra da süt ilave edilir. İstenirse karabiber serpilir.

MERCİMEK ÇORBASI

MALZEMELER:

- 10 bardak et suyu
- 1,5 bardak kırmızı mercimek
- 1 adet patates
- 2 baş soğan
- 1 çorba kaşığı un
- 2 çorba kaşığı yağ
- 1 yumurta sarısı
- Tuz, kırmızı biber
- 1 bardak süt

YAPILIŞI:

1. Mercimek ayıklanır, yıkanır. Patates soyulup rendelenir.
2. Soğan çorba tenceresine rendelenir. Yağ ile pembeleştirilir. Un katılıp biraz daha kavrulur.
3. Et suyu ve hazırlanan mercimek, rendelenmiş patates katılıp, iyice pişinceye kadar kaynatılır. Tel süzgeçten kaşık yardımı ile geçirilir.
4. Yumurta sarısı ile süt çatalla çırpılır; çorba sofraya alınmadan 10 dakika önce çorbaya ilave edilip karıştırılır. Tuz atılır, ateş kapatılır.
5. Üzerine kırmızı biberli yağ gezdirilir.

Not: Çorbalara terbiye üç şekilde katılır.
1) Yumurta sarısı – süt karışımı
2) Yumurta sarısı – limon suyu karışımı
3) Yumurta sarısı – limon suyu – un karışımı

ŞEHRİYELİ YEŞİL MERCİMEK ÇORBASI

MALZEMELER:

- 8 su bardağı et suyu
- 1 su bardağı yeşil mercimek
- 1 kahve fincanı arpa şehriye
- 2 adet soğan
- 2 çorba kaşığı sıvı yağ
- 2 çorba kaşığı un
- Yarım su bardağı süt
- 1 çay kaşığı kuru nane

YAPILIŞI:

1. Mercimek ayıklanır, yıkanır ve yarım haşlanır. Haşlama suyu dökülür.
2. Küçük doğranmış soğan yağda hafifçe sarartılır. Un konur, bir kaç kez karıştırılır.
3. Et suyu, yarı haşlanmış mercimek ilâve edilir. Mercimek pişince şehriye konur. 10 - 15 dakika yavaş ateşte kaynatılır. Sofraya alınacağı zaman süt katılır. Üzerine kuru nane serpilir.

ŞAFAK ÇORBASI

MALZEMELER:

- 8 bardak et suyu
- 2 çorba kaşığı un
- 2 kaşık yağ
- 4-5 adet olgun domates veya 2 kaşık konserve domates salçası
- 1 bardak süt
- 1 yumurta sarısı
- Tuz

YAPILIŞI:

1. Yağ ile un hafif pembe kavrulur.
2. Sulandırılmış konserve salça veya rendelenmiş domates ve etsuyu katılır.
3. Karıştırılarak 1-2 taşım kaynatılır. Pütür kalmışsa süzgeçten geçirilir.
4. Yumurta sarısı ve süt ile yapılmış terbiye, yemek saatinden 10 dakika evvel katılır. Tuz atılır. Ateş kapatılır.

Not: Et suyu yerine hazır paket et veya tavuk suyu da katılabilir.

Kısa Bilgi: *Sofrayı hazırlarken; kaç kişinin yemek yiyeceğini, yemek listesinde neler olduğunu düşününüz, sofra takımlarının temiz olmasına özen gösteriniz.*

BALIK ÇORBASI

MALZEMELER:

- 10 bardak haşlama balık suyu (Haşlanmış balık eti ile mayonezli balık yapılır)
- 2 soğan, 1 havuç
- 5-6 dal kereviz veya maydanoz
- 1 çay kaşığı tane karabiber
- 2 diş sarımsak, 2 kaşık yağ
- Yarım su bardağı pirinç
- 1-2 limon suyu
- 2 yumurta sarısı
- Defne yaprağı
- Tuz-kırmızı biber

YAPILIŞI:

Balık Suyunun Çıkarılması:
Balık temizlenir, yıkanır. Sıcak su ile ateşe konur, kaynayınca köpüğü alınır. Dörde bölünmüş soğan, tane karabiber, maydanoz sapları, defne yaprağı konup, iyice kaynatılır. Süzülür. Balık eti mayonezli balık hazırlanmasında, suyu da balık çorbasında kullanılır.

1. Havuç, maydanoz, sarımsak ince ince doğranır. Yağla pembeleştirilir. 1 kaşık un katılır. Biraz daha kavrulur. Balık suyu, yıkanmış pirinç ilave edilir. İyice pişirilir.
2. Yemek saatinden 10 dakika evvel yumurta sarısı ve limon suyu ile hazırlanmış terbiye katılır. Tuz atılır.

Kısa Bilgi: *Sofraya daima gerçek çiçek koyunuz. Çiçeğinizi az kokulu seçip, kısa saplı olarak tanzim ediniz.*

BORÇ ÇORBASI

MALZEMELER:

- 10 bardak et suyu
- 2 kaşık yağ
- 2 soğan
- 2 patates
- 1 küçük kereviz
- 2 küçük pancar
- 1 küçük havuç
- 5-6 yaprak lahana
- 2 kaşık konserve domates salçası
- 2 diş sarımsak
- 1 çay kaşığı limon tuzu
- 1 çay kaşığı şeker
- Tuz

YAPILIŞI:

1. Sebzeler yıkanır, soyulur. Bir kaba rendelenir ve doğranır.
2. Çorba tenceresinde rendelenmiş soğan yağ ile pembeleştirilir. Un katılır, biraz da un ile kavrulur.
3. Hazırlanan sebzelerin hepsi konur. Biraz karıştırılır. Domates salçası ve et suyu konup pişirilir. Tuz, limon tuzu, şeker atılıp 10 dakika sonra ateş kapatılır.

***Kısa Bilgi:** Ekmek, su, salata çorbadan sonraki yemekle servis yapılır.*

DÜĞÜN ÇORBASI

MALZEMELER:

- 10 bardak et suyu
- 3 çorba kaşığı un
- 2 yumurta
- 2 limon
- 2 parça et (haşlanmış)
- 2 kaşık yağ
- 1 kahve kaşığı kırmızı biber

YAPILIŞI:

1. Et suyu tencerede kaynatılır. Bir kâsede yumurta, limon suyu ve un, et suyundan azar azar alarak, ezilir.
2. Kaynamakta olan et suyuna katılıp karıştırarak pişirilir. Tuz atılır.
3. Yağ ısıtılır. Küçük doğranmış et ile 1-2 defa çevrilir. Kırmızı biber katılıp çorbaya dökülür.

Kısa Bilgi:

1. *Yemeklerin tuzunu ateşten almadan 5 dakika kadar önce atınız (tuzun yemeğin tadı ile iyi ayarlanması ve pişmeyi geciktirmemesi için).*
2. *Fazla tuzlu yemek, vücut dokularının su tutmasına yani ödeme sebep olur. Vücutta bilhassa ayaklarda şiş olur.*
3. *Yemekleri tuzsuz pişirip, yerken tuz serpseniz, vücut bu tuzu daha çabuk dışarı atar.*

SEBZE ÇORBASI

MALZEMELER:

- 10 bardak et suyu
- 2 soğan
- 1 kahve fincanı pirinç
- 1,5 çorba kaşığı un
- 1,5 çorba kaşığı yağ
- 1 patates
- 1 havuç
- 6-7 dal kereviz
- 6-7 kök ıspanak
- 6-7 dal maydanoz
- 1 bardak süt
- 1 yumurta sarısı
- Tuz

YAPILIŞI:

1. Sebzeler yıkanır; havuç, patates rendelenir; kereviz, ıspanak, maydanoz doğranır.
2. Rendelenmiş soğanla yağ tencerede pembe olarak kavrulur. Un konur. Biraz daha karıştırılır.
3. Hazırlanmış sebzeler, et suyu ve ayıklanıp yıkanmış pirinç konup iyice pişirilir.
4. Tel süzgeçten kaşıkla bastırılarak geçirilir. Tuz atılır.
5. Yumurta sarısı süt ile çırpılıp kaynayan çorbaya katılır; karıştırılıp hemen ateşten alınır.

Not: Mevsime göre taze fasulye, bezelye, kabak gibi sebzeler de kullanılır.

PATATES ÇORBASI

MALZEMELER:

- 10 bardak et suyu
- 1,5 çorba kaşığı yağ
- 1,5 çorba kaşığı un
- 1-2 soğan
- 3 patates
- 1 bardak süt
- 1 yumurta sarısı
- Tuz

YAPILIŞI:

1. Rendelenmiş soğan pembeleşene kadar kavrulur. Un katılır. Biraz daha çevrilir.
2. Rendelenmiş patates et suyu konup iyice pişirilir.
3. Tel süzgeçten geçirilir. Tuz atılır.
4. Yumurta sarısı ve süt karışımı katılıp ateşten alınır.
5. Üzerine kırmızı biberli yağ gezdirilir.

Not:

1) İstenirse üzerine kuru nane serpilir.
2) Bayat ekmekler küçük küçük doğranıp yağda kızartılıp çorba ile servis yapılabilir.

***Kısa Bilgi:** Patateste "C" vitamini kabuğa en yakın yerdedir. Bu bakımdan ince soyulmalı, ucuz ve kabuk yüzeyinin fazla oluşu dolayısıyla küçük patates satın alınmalıdır.*

MANTAR ÇORBASI

MALZEMELER:

- 1 su bardağı küçük doğranmış KÜLTÜR MANTARI
- 6 su bardağı et suyu
- 1 adet soğan
- 2 çorba kaşığı sıvı yağ
- 2 çorba kaşığı un
- 1 su bardağı süt

YAPILIŞI:

1. Küçük doğranmış soğan yağda hafifçe sarartılır. Un konur, birkaç kez karıştırılır.
2. Yıkanıp küçük doğranmış mantar ve et suyu ilâvesiyle pişirilir.
3. Sofraya alınmadan süt ilâve edilir.

Not: Mantar, faydalı bir besindir. Ancak tabiatta bulunan mantarların zehirsiz olanını ayırdetmek çok zordur. Bu bakımdan mutlaka KÜLTÜR MANTARI kullanılmalıdır.

SOĞAN ÇORBASI

MALZEMELER:

- 10 bardak et suyu
- 3 çorba kaşığı un
- 2 çorba kaşığı yağ
- 4-5 soğan
- 1 bardak süt
- 1 yumurta sarısı
- 1-2 çorba kaşığı rendelenmiş kaşar peyniri,
- Tuz

YAPILIŞI:

1. Soğan rendelenir, yağ ile tencerede pembe kavrulur.
2. Un konur, biraz daha karıştırılır.
3. Et suyu ilavesi ile pişirilir.
4. Kaşık yardımı ile tel süzgeçten geçirilir.
5. Yumurta sarısı süt ile çırpılır. Kaynayan çorbaya katılıp karıştırılır. Ateşten alınır. Tuz atılır.
6. Üzerine rendelenmiş kaşar peyniri serpilir.

Kısa Bilgi: *Soğan idrar çoğaltıcı bir sebzedir. Ayrıca soğanın mühim bir antibiyotik etkisi vardır.*

YAYLA ÇORBASI

MALZEMELER:

- 10 bardak et suyu
- Yarım bardak pirinç
- 1,5 çorba kaşığı un
- 1 yumurta
- 2 bardak yoğurt
- 2 çorba kaşığı yağ
- 2 kahve kaşığı kuru nane
- 1 kahve kaşığı kırmızı biber
- Tuz

YAPILIŞI:

1. Pirinç ayıklanıp yıkanır. Et suyunda iyice haşlanır.
2. Yoğurt, un ve yumurta çırpılıp, et suyu ile sulandırılır.
3. Kaynamakta olan pirince katılıp ateş hafifletilir.
4. Kuru nane serpilip, kırmızı biberli yağ gezdirilerek dökülür.

Kısa Bilgi:

1. *Pirinç, karbonhidrat değeri en yüksek hububattır.*
2. *Tansiyonu yüksek olanlar ekmek yerine her öğün 2 çorba kaşığı haşlanmış pirinç yemelidir (yağsız ve tuzsuz olarak).*
3. *Haşlanmış pirinç üreyi düşürür, ishallerde çabuk iyileşme sağlar.*

ERZİNCAN ÇORBASI

MALZEMELER:

- 10 bardak et suyu
- 250 gr. kıyma
- 1 avuç maydanoz yaprağı
- 3 diş sarımsak
- 2 soğan
- 2-3 bardak yoğurt
- 2 kaşık yağ
- 1/4 paket hazır erişte makarna
- 1 kaşık salça
- 2 kahve kaşığı kuru nane
- 1 kahve kaşığı kırmızı biber
- Tuz, karabiber

YAPILIŞI:

1. Kıyma, tuz, karabiber, kıyılmış maydanoz yoğrulup, fındık büyüklüğünde yuvarlanıp, unlanır.
2. İnce doğranmış soğan 1 kaşık yağ ile kavrulur. Salça, su ve tuz konup kaynatılır.
3. Küçük küçük kırılmış erişte ve köfteler ilave edilir.
4. Erişte pişince sarımsaklı yoğurt konur ve ateşten alınır.
5. Üzerine kuru nane ve kırmızı biberli yağ gezdirilir.

Not: Çorbaya, erişte yerine haşlanmış 1 su bardağı nohut konarak değişik lezzette bir çorba yapılmış olur.

Kısa Bilgi: *Sarımsak, mide ve bağırsak faaliyetlerini artırdığından kabızlık çekenler için yararlıdır.*

YUVARLAMA

(Aydın'dan)

MALZEMELER:

- 350 gr. yağsız dana kıyma
- 1 yumurta
- 2 çorba kaşığı un
- Tuz, karabiber
- Yarım su bardağı kızartmak için sıvı yağ
- Yarım su bardağı nohut
- 1.5 su bardağı yoğurt
- Yarım kahve fincanı erimiş tereyağı
- Yarım çay kaşığı kırmızı pul biber

YAPILIŞI:

1. Nohut akşamdan ayıklanıp yıkanır ve suda bırakılır. Ertesi gün 8 bardak et suyu veya su ile haşlanır.
2. Kıyma, un, tuz, karabiber ve yumurta iyice yoğrulur. Nohut büyüklüğünde parçalara ayrılıp ıslak avuç içinde yuvarlanır.
3. Kızdırılmış sıvı yağa bırakılır ve hafif sallanarak kızartılır.
4. Kızarmış köfteler, nohutların haşlandığı suya ilâve edilerek 10-15 dakika yavaş yavaş kaynatılır.
5. Tabaklara servis yapıldıktan sonra üzerlerine çırpılmış 1-2 kaşık yoğurt konur ve kırmızı biberli tereyağı gezdirilir.

Not: Yoğurt sarımsaklı olarak da servis yapılabilir.

İŞKEMBE ÇORBASI

MALZEMELER:

- 1 kg. dana işkembesi
- 2 kaşık un
- 2 çorba kaşığı yağ
- 3-4 diş sarımsak
- 2 kahve fincanı sirke
- Yarım kahve kaşığı kırmızı biber
- Tuz

YAPILIŞI:

1. İşkembe yıkanır. Bir avuç tuzla tuzlanıp, iç içe geçirilip, birkaç saat bırakılır. Sonra bıçakla iyice kazınıp bol su ile yıkanır.
2. 8-10 bardak su ile düdüklüde iyice haşlanır. Soğuyunca ince ince kıyılır.
3. Yağ ile un hafif pembe kavrulur. Kıyılmış işkembe ve haşlama suyu konup 2-3 taşım kaynatılır.
4. Üzerine kırmızı biberli yağ gezdirilerek dökülür. Sarımsaklı sirke ile servis yapılır.

Not: Haşlama suyunun yağlarını kullanmayınız.

***Kısa Bilgi:** Sakatatlar çok besleyici ve ekonomiktir. Ancak dalak, vücutta atılması gereken maddelere dönüşecek al ve akyuvarlarla dolu olduğundan yemeğe elverişli değildir.*

TARHANA

(Kışlık)

MALZEMELER:

- Yarım kg. yoğurt
- 3 olgun domates
- 3 salçalık biber
- 3 soğan
- 7-8 sivri biber
- Tuz
- Aldığı kadar un

YAPILIŞI:

1. Domates, biber yıkanır, soğan soyulur ve doğranır. Buna tuz ve yoğurt konup karıştırılır.
2. Elenmiş un ile katı hamur yapılır. Emaye, cam veya çelik bir kaba alınıp üzeri örtülür.
3. Her gün yoğrulur. Sulanırsa un konur.
4. 10-12 gün bekletilir. Sonra temiz bir örtü üzerine küçük parçalar halinde dökülür.
5. Biraz kuruyunca parçalar daha küçültülür. En son olarak kevgirden geçirilip gölgede iyice kurutulur. Bez bir torbaya konup saklanır.

TARHANA PİŞİRİLİRKEN:

a. Dört kişi için 4 çorba kaşığı tarhana ılık su ile ıslatılır.
b. İki çorba kaşığı sıvı yağ ile bir kaşık kıyma kavrulur. İstenirse kaşığın ucu ile salça konur.
c. 5 su bardağı su ile birlikte ıslatılmış tarhana ilave edilir. Karıştırarak kaynatılır. Tuz atılır. Ateş kapatılıp tencere kapağı örtülür.

Not: Tarhana hamuruna ayva kabukları da konursa hoş kokulu ve mayhoş olur.

BÖLÜM 2

Sebzeler, Salatalar, Turşular

ETLİ DOLMALAR

(Biber, kabak, domates, yaprak, lahana)

MALZEMELER:

- 400 gr. kıyma
- Yarım su bardağı pirinç
- 2-3 soğan
- Yarım demet maydanoz, dereotu
- 1 avuç taze nane veya 2 tutam kuru nane
- 2 domates veya 1 çorba kaşığı salça
- 2 çorba kaşığı yağ
- Tuz-karabiber

YAPILIŞI:

1. Hangi dolma yapılacaksa sebzesi hazırlanır. [Biberin içi çıkarılır, kabak kazılıp oyulur. Domateslerin üzerinden kapak kaldırılır, içi kaşıkla alınır. Asma ve lahana yaprağı sıcak tuzlu suda yumuşatılır (kaynatılmaz).]
2. Soğan, maydanoz, dereotu, nane, domates küçük doğranır. Tuz, karabiber, kıyma ve 1 kaşık yağ konup yoğrulur.
3. En son ayıklanıp yıkanmış pirinç ilâve edilir. Karıştırılıp hazırlanan sebzelere doldurulur.
4. Tencereye dizilip 1 kaşık yağ, 1 bardak salçalı su konur. Orta ateşte pişirilir. (Gerekirse pişerken azar azar su ilâve edilir.)

Not: Arzu edilirse üzerine sarımsaklı limon suyu dökülür.

ZEYTİNYAĞLI DOLMALAR

(Asma yaprağı, lahana, patlıcan, biber ve midye)

MALZEMELER:

- 2 su bardağı pirinç (her biber için 1 çorba kaşığı pirinç hesaplayınız.)
- 1 su bardağı zeytinyağı
- 7-8 adet soğan
- 1 çorba kaşığı çam fıstığı
- 2 çorba kaşığı kuş üzümü
- Yarım demet maydanoz, dereotu
- 2 çay kaşığı kuru nane
- 2 çay kaşığı tuz
- 1 limon
- 1 çay kaşığı tarçın, yenibahar, şeker
- Yarım kg. yaprak (750 gr. biber veya patlıcan veya 1 orta lahana)

YAPILIŞI:

1. Soğan rendelenir, maydanoz, dereotu sapları ince doğranır. Fıstıkla beraber zeytinyağı ile hafif pembe kavrulur.
2. Ayıklanıp yıkanmış pirinç katılıp birkaç kere çevrilir.
3. İki bardak sıcak su konup orta ateşte suyunu çekinceye kadar pişirilir. 10-15 dakika kapak kapalı olarak buharı ile demlendirilir.
4. İnce kıyılmış maydanoz, dereotu, nane, temizlenmiş üzüm, tarçın, yenibahar, karabiber, tuz, şeker, limon suyu konup karıştırılır.

5. Hazırlanan sebzelere doldurulur veya sarılır. Tencereye dizilip 2 bardak sıcak su konur. Orta ateşte suyunu çekinceye kadar pişirilir. Üzerine yarım kahve fincanı zeytinyağı gezdirilir.
6. Soğuyuncaya kadar kapak aralık tutulur (kurumaması ve parlak olması için).
7. Tabağa dizilip, limon dilimleri ve maydanoz yaprakları ile süslenir.

MİDYE DOLMASI İÇİN MİDYELERİN HAZIRLANMASI

1. Zeytinyağlı dolma içi aynen hazırlanır.
2. 30-35 tane büyük ve siyah midyeye bir avuç tuz atılıp 1-2 saat bırakılır. Sonra bıçakla kazınarak yıkanır.
3. Midyelerin düz taraflarına bıçak sokularak kitap gibi ikiye açılır. İçindeki tüyler kesilip iyice yıkanır.
4. Hazırlanan zeytinyağlı dolma içi midyelere sıkıca doldurulup tekrar kapatılır.
5. Tencereye yerleştirilip ölçülü suyu konur (2 su bardağı). Üzerine madeni bir tabak kapatılır. Sonra da tencerenin kapağı örtülerek orta ateşte pişirilir.
6. Suyunu tamamen çekince yarım bardak şarap ilâve edilir. Tencerenin kapağı tekrar kapatılıp 5-10 dakika daha ateşte tutulur.
7. Kapak aralanarak soğutulur. Midyeler birer birer silinip parlak olması için zeytinyağı sürülür.
8. Kıvırcık yaprakları ve limon dilimleri ile tabağa yerleştirilir.

Not: İç hazırlarken; her midye için 1 tatlı kaşığı pirinç hesaplayınız.

ETLİ TAZE SEBZELER

(Fasulye, bezelye, barbunya, türlü)

MALZEMELER:

- 1 kg. sebze (türlü için 250'şer gr. fasulye, bamya, kabak, patlıcan)
- 250 gr. kuşbaşı et (koyun ve süt danası)
- 1,5 çorba kaşığı yağ
- 2 soğan
- 2 domates veya bir kaşık salça
- 1-2 sivri biber
- Tuz

YAPILIŞI:

1. İnce doğranmış soğan ve et, yağ ile kavrulur.
2. Kabuğu soyulup doğranmış domates veya salça konup karıştırılır.
3. Su (2-3 bardak) konup et yumuşayıncaya kadar pişirilir.
4. Yıkanıp ayıklandıktan sonra doğranmış sebze ete ilâve edilir. Karıştırılıp kapak kapatılır. Orta ateşte 5-10 dakika kavrulur.
5. Üzerini geçmeyecek kadar su konup sebzeler yumuşayıncaya kadar pişirilir. (Taze sebzeler kendisi su bıraktığı için az su koymalı, gerektiğinde azar azar sıcak su ilâve edilmelidir.)
6. Ateşten alınmadan 5-10 dakika evvel tuz atılır.

Not: Bamya pişirilirken sebzeyi et ile kavurmadan suyunu, limonu ve tuzunu koyarak pişiriniz.

ZEYTİNYAĞLI TAZE SEBZELER

(Fasulye, kabak, yer elması, pırasa, bakla)

MALZEMELER:

- 1 kg. sebze
- Yarım su bardağı zeytinyağı
- 2 soğan
- 2 domates veya yarım kaşık salça
- 1-2 çay kaşığı şeker
- Tuz

YAPILIŞI:

1. Sebzeler yıkanır, ayıklanır ve doğranır.
2. İnce doğranmış soğan zeytinyağında hafif pembeleşene kadar kavrulur. Kabuğu soyulup doğranmış domates veya salça katılır.
3. Sebzeler ve şeker ilâve edilip karıştırılır. Kapak örtülüp 5-10 dakika kavrulur.
4. Su konup orta ateşte pişirilir (1-1,5 bardak su). Kapak aralanarak soğutulur (kurumaması ve kararmaması için).

Not:

1) Kabak pişirirken, sarımsak, maydanoz, dereotu koyunuz.
2) Pırasa ve yer elması pişirirken soğanla beraber 1-2 doğranmış havucu kavurunuz. Sebzeyi ilave edince de yarım kahve fincanı yıkanmış pirinç koyunuz.
3) Bakla pişirirken, 1 tatlı kaşığı un ile hazırlanmış unlu su koyunuz (Baklaya salça konmaz).
4) Düdüklü tencerede yemek pişirirken buharlaşma az olacağından daima daha az su konulmalıdır.

ETLİ KURU SEBZELER

(Fasulye, nohut, barbunya, mercimek)

MALZEMELER:

- 2 bardak kuru sebze (baklagiller)
- 500 gr. kuşbaşı et (koyun, süt danası)
- 2 soğan
- 2 kaşık yağ
- 2-3 domates veya 1 kaşık salça
- Tuz

YAPILIŞI:

1. Baklagiller akşamdan ayıklanıp yıkanır. Bol su ile ıslatılır.
2. Ertesi gün yarı pişmiş haşlanır,
3. İnce doğranmış soğan ve et yağ ile kavrulur, soyulmuş ve doğranmış domates veya salça konup karıştırılır.
4. Su konup pişirilir (2 bardak).
5. Süzülmüş kuru sebze ile üzerini geçmeyecek kadar su ilave edilip pişirilir.
6. Ateşten alınmadan 5-10 dakika evvel tuz atılır.

PASTIRMALI KURU FASULYE PİŞİRMEK İÇİN:

Yukardaki malzemelere et koymadan, soğanlı domatesli kuru fasulye pişirilir. Ateşten alınmadan önce fasulyelerin üzerine 100 gr (10 dilim) pastırma dilimleri dizilir. 10 dakika kadar hafif ateşte bıraktıktan sonra yemek bir kere karıştırılıp sofraya alınır.

ZEYTİNYAĞLI KURU SEBZELER

(Fasulye, barbunya)

MALZEMELER:

- 2 su bardağı kuru sebze
- 2 havuç
- 1 kereviz
- 2 soğan
- 1 baş sarımsak
- Yarım kaşık salça
- Yarım demet maydanoz
- 1 çay kaşığı şeker
- 2 çay kaşığı tuz

YAPILIŞI:

1. Barbunya veya beyaz fasulye akşamdan ayıklanıp yıkanır. Bol su ile ıslatılır. Ertesi gün ezilmeden yarı haşlanır.
2. Havuç, kereviz, soğan, sarımsak küçük doğranır.
3. Hepsi zeytinyağı ile sararıncaya kadar kavrulur.
4. Salça konur; birkaç kere karıştırılır.
5. Haşlanıp süzülmüş fasulye, şeker tuz ve su konur (1,5-2 bardak). Yavaş yavaş pişirilir.
6. Kapak aralanarak soğutulur. Servis tabağına alınıp maydanoz yaprakları ile süslenir.

Not: Taze barbunya bir taşım haşlanarak süzülür.

HÜNKAR BEĞENDİ

MALZEMELER:

PATLICAN PÜRESİ İÇİN:

- 6 patlıcan
- 1 kaşık un
- 1 kaşık yağ
- 2 kaşık kaşar peyniri rendesi
- 1 su bardağı süt
- 1 avuç maydanoz
- Tuz, karabiber

KEBAP İÇİN:

- 1 kg. kuşbaşı et (koyun veya dana)
- 2 soğan
- 2-3 domates
- 2 kaşık yağ
- Tuz, karabiber

YAPILIŞI:

1. İnce doğranmış soğan ve et, yağ ile kavrulur.
2. Soyulmuş ve doğranmış domates konup karıştırılır.
3. Su (2-3 bardak) ilave edilerek etler yumuşayıncaya kadar pişirilir. Tuz ve karabiber atılır.
4. Etin suyu 1-1,5 kepçe kadar olmalıdır.
5. Patlıcanlar ucundan başlayarak ocakta çevire çevire közlenir.
6. Kabukları soyulup incecik kıyılır.
7. Yağ ile un hafif pembe kavrulur. Patlıcanlar, rende kaşar, süt konup karıştırarak pişirilir. Tuz atılır.
8. Püre ile kebap servis tabağına isteğe göre yerleştirilip maydanoz yaprakları ile süslenir.

İMAM BAYILDI

(Patlıcan veya kabak)

MALZEMELER:

- 8 küçük patlıcan veya kabak
- 4-5 soğan
- 7-8 diş sarımsak
- 1 demet maydanoz
- 1-2 dal nane
- 2-3 domates
- 2-3 sivri biber
- 1 su bardağı zeytinyağı
- 1-2 kahve kaşığı şeker
- Tuz, karabiber

YAPILIŞI:

1. Patlıcanların baş kısımları kesilip alaca soyulur. Tuzlu suda yarım saat bekletilir. Yıkanıp kurulanır. (Kabaklar kazınıp baş ve uç kısımlar kesilir.)
2. Zeytinyağında hafif pembe kızartılır. Tepsiye dizilir.
3. Üzerleri boydan boya bıçak alta geçmeyecek şekilde kesilir.
4. Yarım halka şeklinde doğranmış soğan, sivri biber, sarımsak, zeytinyağında kavrulur. Soyulup doğranmış domates konup karıştırılır. Kıyılmış maydanoz, nane, tuz, karabiber ve şeker ilave edilir.
5. Kızartılan sebzenin içine doldurulur.
6. Az su ilavesi ile yavaş yavaş pişirilir.

Kısa Bilgi: *Patlıcan, pankreas, karaciğer ve böbrekleri kuvvetlendirir. Kalbe sukûnet verir.*

PATLICAN KARNIYARIK

MALZEMELER:

- 6 küçük patlıcan
- 250 gr. dana kıyma
- 2 soğan
- 2-3 domates
- 2-3 sivri biber
- Yarım demet maydanoz
- 3-4 kaşık yağ
- Tuz ve karabiber

YAPILIŞI:

1. Patlıcanların baş kısımları kesilip alaca soyulur. Tuzlu suda yarım saat bekletilir. Yıkanıp kurulanır.
2. Yağda çevirerek kızartılır. Tepsiye yerleştirilip boydan boya, bıçak alta geçmeyecek şekilde kesilir.
3. İnce doğranmış soğan, biber, kıyma yağ ile kavrulur. Soyulup doğranmış domates ile de biraz çevrilir. Tuz, karabiber, kıyılmış maydanoz ilâve edilir.
4. Patlıcanların içine doldurulur. Üzerlerine domates dilimleri yerleştirilir.
5. Az su ilâvesi ile yavaş yavaş pişirilir.

Not: Patlıcanlar enine doğranıp kızartıldıktan sonra üzerine aynı harç konup pişirilirse "patlıcan oturtma" olur.

EKŞİLİ PIRASA

(Zeytinyağlı)

MALZEMELER:

- 1 kg. pırasa
- 3 soğan
- 3 diş sarımsak
- Yarım bardak zeytinyağı
- 1 kaşık salça
- Yarım demet maydanoz-dereotu
- 1 çay kaşığı toz şeker
- 1 limon
- Tuz

YAPILIŞI:

1. Pırasa ayıklanıp 5-6 cm boyunda kesilip, yıkanır.
2. Parçalar boyunca ince ince doğranıp tepsiye konur.
3. Yarım bardak su ile haşlanır (suyu süzülmez).
4. Soğan yarım halkalar halinde, sarımsak küçük küçük doğranır. Zeytinyağında sararıncaya kadar kavrulur. Salça, şeker, tuz, daha sonra da kıyılmış maydanoz, dereotu konur.
5. Haşlanmış pırasaların üzerine bu harç yayılıp bir bardak su ilâvesi ile pişirilir.
6. Ateşten alınmadan limon suyu gezdirilerek dökülür.

Kısa Bilgi: *Pırasa idrar çoğaltan bir sebzedir.*
Şalgam idrar yolu hastalıklarına iyi gelir.

ZEYTİNYAĞLI KEREVİZ

MALZEMELER:

- 1 kg. kereviz
- 1 havuç
- 1 patates
- Yarım bardak iç bezelye (konserve)
- 1-2 avuç arpacık soğan
- Yarım bardak zeytinyağı
- Yarım demet maydanoz ve dereotu
- 1 çay kaşığı şeker
- 1 limon
- Tuz

YAPILIŞI:

1. Kereviz talaş kalmayacak şekilde soyulur. Ortadan ikiye ayrılır. Kesilen yüzleri biraz oyularak çukurlaştırılır. Tepsiye, çukur yerleri üste gelecek şekilde konur.
2. Soyulup küçük küçük doğranmış havuç, patates ve arpacık soğan zeytinyağında hafif kavrulur.
3. Bezelye, şeker, tuz, maydanoz, dereotu konup karıştırılır.
4. Bu harç kerevizlerin içine doldurulur. Artan kenarlara serpilir.
5. İki bardak su ilâve edilip orta ateşte pişirilir.
6. Ateşten almadan 5 dakika evvel limon sıkılır.

Kısa Bilgi: *Kereviz, vitamin ve mineral maddeler yönünden çok zengin bir sebzedir. Kereviz için "Bir eczaneye bedel" denir.*

ZEYTİNYAĞLI İÇ BAKLALI ENGİNAR

MALZEMELER:

- Yarım kg. taze iç bakla
- 6 adet enginar
- Yarım bardak zeytinyağı
- 1-2 soğan
- 1 kahve kaşığı şeker
- 1 limon
- Yarım demet dereotu
- Tuz

YAPILIŞI:

1. Enginarların taç yaprakları sıyrılarak koparılır.
2. Uç kısımları kesilip fazla derinleşmeden soyulur.
3. İçleri kaşıkla çıkarılıp tuzlu limonlu su içine bırakılır.
4. Saplar dibinden kesilir. Özü çıkana kadar soyulur, küçük doğranır.
5. İnce doğranmış soğan zeytinyağında sararıncaya kadar kavrulur. Enginarlar bütün, saplar doğranmış olarak konur, 2-3 bardak su ilavesi ile yarı pişirilir.
6. Kabuğu çıkarılmış iç bakla, tuz, şeker konur. Kapak kapatılıp yavaş yavaş pişirilir.
7. Soğuyunca baklalar enginarların çukur yerlerine doldurulur. Üzerine kıyılmış dereotu serpilir.

Not: Bakla yerine iç bezelye ve havuç da kullanılabilir.

KABAK MÜCVERİ

MALZEMELER:

- 3 kabak
- 5-6 adet taze soğan (veya 1 kuru soğan)
- 2-3 sivri biber
- Yarım demet maydanoz ve dereotu
- 3 yumurta
- 3-4 kaşık un
- Tuz ve karabiber
- Kızartmak için 1 bardak zeytinyağı veya ayçiçek yağı

YAPILIŞI:

1. Kabak kazınıp ince rendelenir. Doğranmış soğan, biber, maydanoz, dereotu, tuz, karabiber, yumurta, un konup karıştırılır.
2. Kızgın yağa kaşık kaşık döküp iki tarafı da kızartılır.
3. Fazla yağı çekmesi için kâğıt üzerine çıkarılır.

Not: Mücveri, kabak yerine rendelenmiş patates ve ince doğranarak az haşlanmış pırasa ile de yapabilirsiniz.

***Kısa Bilgi:** Bir su bardağı dolusu maydanoz yaprağındaki "C" vitamini 10 portakaldaki "C" vitamini kadardır.*

ISPANAK KÖKÜ MÜCVERİ

MALZEMELER:

- 1 kg. ıspanak kökü
- 2 soğan
- 2-3 kaşık un
- 3 yumurta
- Maydanoz ve dereotu
- Tuz, karabiber
- Kızartmak için 1 su bardağı zeytinyağı veya ayçiçek yağı

YAPILIŞI:

1. Ispanak kökleri iyice yıkanır. Bir kahve fincanı su ile az haşlanır. Suyu sıkılıp, incecik kıyılır.
2. İnce doğranmış soğan, maydanoz, dereotu, tuz, karabiber, yumurta ve un konup karıştırılır.
3. Kızgın yağa kaşık kaşıp dökülüp kızartılır.
4. Fazla yağı çekmesi için kâğıt üzerine çıkarılır.

Not: İstenirse bu karışıma 3-4 kaşık kavrulmuş yağsız kıyma da konur.

***Kısa Bilgi:** Lahana ve ıspanak şeker hastaları için yararlıdır. Ispanak'ta "K" vitamini vardır. Bu vitamin kanın pıhtılaşmasına yarar (kanamalarda önemlidir).*

ISPANAK PÜRESİ

MALZEMELER:

- 1 kg. ıspanak yaprağı
- 1 kaşık yağ
- 1 kaşık un
- 1 bardak süt
- Tuz ve karabiber

YAPILIŞI:

1. Ispanak yaprakları yıkanır. Hafif ateşte bir kahve fincanı su ilâvesiyle haşlanır.
2. Suyu sıkılıp, ince ince kıyılır.
3. Yağ ile un hafif pembe kavrulur, kıyılmış ıspanak ve süt konarak karıştırılıp pişirilir. Tuz, karabiber atılır.

Not:

1) Ispanak püresi et yemeklerinin yanına ve perhiz yemeği olarak kullanılır.
2) Üzerine sarımsaklı yoğurt ve kırmızı biberli yağ konup değişik lezzette bir yemek yapılmış olur.
3) Ispanağın haşlanma suyunu çorbada değerlendiriniz.

Kısa Bilgi: *Rengi canlı olsun diye haşlarken ıspanağa soda atmak çok zararlıdır.*

TAZE SEBZE SOTELERİ

(Garnitür ve pehriz yemeği olarak)

MALZEMELER:

- Yarım kg. sebze (Taze fasulye, kabak, iç bezelye, havuç, Brüksel lahanası)
- Yarım çorba kaşığı yağ (Tereyağı tercih edilmeli.)
- Bir tutam şeker
- Tuz

YAPILIŞI:

1. Sebze yıkanır, ayıklanır ve küçük küçük doğranır. (Brüksel lahanası doğranmaz.)
2. Az su ile ezilmeden haşlanır.
3. Süzülür. Erimiş yağda birkaç kere çevrilir. Şeker ve tuz atılır.
4. Sebze soteleri et yemeklerinin yanına garnitür olarak kullanıldığı gibi, perhiz yemeği olarak da yapılabilir.

Kısa Bilgi:

1. *Vitaminler buharla uçup gitmesin diye yemekler kapalı olarak, bilhassa düdüklü tencerede pişirilmelidir.*
2. *Sebzeler az su ile haşlanmalı, haşlama suları, çorba vs. gibi yerlerde değerlendirilmelidir.*
3. *Sebzeleri pişirirken; ilk kaynamada 2-3 dakika kapak kapatmayınız. Sebzelerin kararmasına sebep olan uçucu yağ asitleri bu süre içinde buharla çıkar. Yemeğiniz güzel bir sarı renk alır.*

PATATES PÜRESİ

(Et yemeklerinin yanına garnitür ve perhiz yemeği olarak)

MALZEMELER:

- 6-7 patates
- 1 kaşık yağ
- 1 bardak süt
- Tuz

YAPILIŞI:

1. Patatesler yıkanıp haşlanır. Sıcakken soyulup püre makinasından geçirilir veya rendelenir.
2. Yağ, süt ve tuz konup ateşte yağ eriyinceye kadar karıştırılır.

Kısa Bilgi:

1. *Patates püresi en kolay sindirilen yemektir. Midede kalma süresi 5-6 dakikadır.*
2. *Soyulmadan haşlanan patates, içindeki "C" vitamininin %94'ünü muhafaza eder.*
3. *Patates bağırsakları, böbrekleri ve kanı temizler. Kanın asitliğini giderir. Şişmanlar ve şeker hastaları için iyi bir gıdadır.*

ZEYTİNYAĞLI HAVUÇ EZMESİ

MALZEMELER:

- Yarım kg. havuç
- Yarım su bardağı zeytinyağı
- 2 soğan
- Yarım kg. yoğurt
- 2 diş sarımsak
- 1 avuç maydanoz yaprağı
- Tuz

YAPILIŞI:

1. Havuç kazınıp rendelenir.
2. Rendelenmiş soğan zeytinyağında pembe kavrulur. Havuç ilâve edilip karıştırılır.
3. Kapak örtülüp, hafif ateşte ara sıra karıştırmak suretiyle pişirilir.
4. Soğuyunca sarımsaklı yoğurt karıştırılıp servis tabağına alınır. Maydanoz yaprakları ile süslenir.

Not: Havuç yerine kereviz kullanarak yemeğinizi "zeytinyağlı kereviz ezmesi" yapabilirsiniz.

***Kısa Bilgi:** Havuç mide için çok faydalıdır. Mide konuşabilse hep "havuç" dermiş. Havuç, vücutta "A" vitaminine dönüşen "Karoten" yönünden zengindir. Havuç göz ve cilt sağlığı için faydalıdır.*

FAVA

(Kuru iç bakladan)

MALZEMELER:

- 2 bardak kuru bakla
- 3/4 bardak zeytinyağı (1 bardaktan az)
- 2 soğan
- 1 çay kaşığı şeker
- 1 limon
- 1 avuç maydanoz yaprağı
- 8-10 zeytin
- Tuz

YAPILIŞI:

1. Bakla ayıklanıp yıkanır. Akşamdan ıslatılır.
2. İnce doğranmış soğan, zeytinyağında hafif kavrulur.
3. Süzülmüş bakla, şeker, tuz ve 3-4 bardak su konup pişirilir.
4. Kaşık yardımı ile tel süzgeçten geçirilir. Çukur bir tabağa alınır.
5. Üzerine zeytinyağı gezdirilir. Limon dilimleri, zeytin ve maydanoz yaprakları ile süslenir.

Kısa Bilgi: *Çocuklara hergün 2-3 bardak süt ve sütten yapılan yiyecekler verilmelidir.*

HUMUS

MALZEMELER:

- 1,5 bardak nohut
- Yarım bardak tahin
- Yarım bardak zeytinyağı
- 3 çay kaşığı kırmızı biber
- 4-5 diş sarımsak
- 3 limon
- Tuz
- Üzeri için: zeytin, turşu, maydanoz

YAPILIŞI:

1. Nohut ayıklanıp akşamdan ıslatılır.
2. İyice haşlanıp kabukları alınır.
3. Ceviz makinasından geçirilir veya havanda dövülür.
4. Porselen bir kâseye alınıp, tahin, dövülmüş sarımsak, kırmızı biber, tuz konur.
5. Azar azar zeytinyağı ve limon suyu ilâve edilir.
6. Tabağa yerleştirilip limon dilimleri, zeytin, maydanoz yaprakları ve turşu ile süslenir.

***Kısa Bilgi:** Nohut, fasulye gibi besinlere, çabuk pişsin diye karbonat koymak çok zararlıdır. Vitaminleri yok eder.*

HİBEŞ

(Antalya'dan)

MALZEMELER:

- 1 su bardağı tahin
- 2 limon suyu
- Yarım kahve fincanı zeytinyağı
- 2 kahve kaşığı kimyon
- 3 diş sarımsak
- 1 kahve kaşığı tuz
- 1 kahve kaşığı acı kırmızı biber

YAPILIŞI:

1. Tahin, dövülmüş sarımsak, kimyon, biber bir kaseye konup karıştırılır.
2. Azar azar limon suyu, zeytinyağı ve sonra da tuz ilâve edilir. (Sertleşmemesi için tuz en son konur.)
3. Tabağa alınıp kalan zeytinyağı üzerine gezdirilir. Turşu zeytin vs. ile süslenir.

Kısa Bilgi: *Sarımsak, damar sertliği, skorbüt (diş etlerinin kanaması) ve gut hastalığı için faydalıdır. Yemeklere soğanla birlikte 2-3 diş sarımsak koyarsanız, hem faydasından hem de lezzetinden yararlanabilirsiniz.*

TARATOR

MALZEMELER:

- 1 su bardağı ceviz içi
- 1 kahve fincanı tahin
- 2 diş sarımsak
- 2 limon suyu
- Yarım demet maydanoz yaprağı
- Tuz

YAPILIŞI:

1. Tuzla dövülmüş sarımsak, dövülmüş ceviz, tahin, kırmızı biber bir kâseye konur.
2. Limon suyu ilâve edilip karıştırılır.
3. Çok ince kıyılmış maydanoz yaprakları katılır.
4. Salata tabağına alınıp turşu zeytin ve limon dilimleri ile süslenir.

Not:

1) Tarator, baston sandviç dilimlerine sürülüp de ikram edilebilir.
2) 100 gr ceviz 654 kalori verir.

Kısa Bilgi: *Süt her yaş ve durum için gerekli bir besindir. Sütün içindeki kalsiyum kemik, diş, kas, sinir ve kan hücrelerinin yapısında, korunmasında ve çalışmasında önemli rol oynar. Kemiklerin kuvvetli, dişlerin sağlam ve dinamik olması için günde 2 bardak süt ve sütten yapılan yiyeceklerle yeşil sebzeler bolca yenmelidir.*

TARAMA

MALZEMELER:

- 100 gr. balık yumurtası
- 2 dilim bayat ekmek içi
- 1 kahve fincanı süt
- 1 su bardağı zeytinyağı
- 2 çay kaşığı kırmızı biber
- 1-2 limon suyu
- Tuz

YAPILIŞI:

1. Porselen bir kâseye bayat ekmek içi ufalanır.
2. Bir fincan kaynar süt konur karıştırılır.
3. Balık yumurtasının zarları çıkarılıp sütlü ekmeğe katılır; küçük taneler kayboluncaya kadar karıştırılır.
4. Kaşık kaşık zeytinyağı, limon suyu ilâve edilir.
5. Tuz ve kırmızı biber katılıp karıştırıldıktan sonra tabağa alınır.
6. Üzeri isteğe göre süslenir.

Kısa Bilgi: *Konserve kutularının alt ve üst yüzeyleri şişkinse o konserve bozuktur; satın almayınız.*

YOĞURTLU HAVUÇLU PATATES SALATASI

MALZEMELER:

- 6 adet orta büyüklükte patates
- 3 adet havuç
- 500 gr. yoğurt
- Yarım su bardağı zeytinyağı veya sıvı yağ
- 3-4 diş sarımsak
- Tuz - kırmızı biber (istenirse)
- 1 su bardağı maydanoz yaprağı

YAPILIŞI:

1. Patatesler yıkanır, haşlanır, soyulur, rendelenir.
2. Havuçlar kazınır, doğranır, az su ile haşlanır, iyice ezilir. Patatese katılır.
3. Tuzla dövülmüş sarımsak, yoğurt, sıvı yağ, kırmızı biber ilave edilir, hepsi karıştırılır.
4. Tabağa alınıp yıkanmış maydanoz yaprakları ile süslenir.

Kısa Bilgi:

Hergün şu besin gruplarından yeteri kadar tüketiniz:

1. *Süt ve sütten yapılan yiyecekler*
2. *Et, yumurta ve baklagiller*
3. *Sebze ve meyveler*
4. *Ekmek, hububat, şeker ve yağ*

PATLICAN SALATASI

MALZEMELER:

- 6 patlıcan
- 3-4 domates
- 3-4 sivri biber
- 2 kahve fincanı zeytinyağı
- 1-2 limon
- 1 avuç maydanoz yaprağı
- 2-3 diş sarımsak-tuz

YAPILIŞI:

1. Patlıcanlar ucundan başlayarak ocakta çevire çevire közlenir.
2. Kabukları soyulup incecik kıyılır.
3. Küçük doğranmış sivri biber, tuzla dövülmüş sarımsak, zeytinyağı, limon suyu konup karıştırılır.
4. Servis tabağına yerleştirilip, domates dilimleri ve maydanoz yaprakları ile süslenir.

Kısa Bilgi: *Buzdolabında da sebze ve meyveler vitamin kaybeder.*
Örneğin; yeşil fasulye buzdolabında 48 saat sonra "C" vitaminini yarı yarıya kaybeder, diğer vitaminler de buna yakın kayba uğrar.

MAMZANA

(Edirne'den)

MALZEMELER:

- 6 patlıcan
- 3 domates
- 4-5 sivri biber
- 1 demet maydanoz
- 750 gr. yoğurt
- 3 diş sarımsak
- 2 kaşık yağ
- 1 çay kaşığı kırmızı biber
- Tuz

YAPILIŞI:

1. Patlıcanlar ucundan başlanarak ocakta çevire çevire közlenir.
2. Kabukları soyulup incecik kıyılır.
3. Domates, biber ve maydanoz küçük doğranıp patlıcanlara katılır. Tuz atılır.
4. Üzerine sarımsaklı yoğurt dökülüp, kırmızı biberli yağ gezdirilir.

Kısa Bilgi: *Çaydaki tanen, yiyeceklerdeki demir birleşiklerinin kullanılmasını engelliyor. Onun için yemekten hemen sonra çay içmemelidir. Aksi halde anemiye kadar giden kansızlık olabilir.*

RUS SALATASI

MALZEMELER:

- 2 yumurta sarısı
- 1,5 su bardağı zeytinyağı
- 1-2 limon suyu
- 1 kahve kaşığı toz hardal
- 2-3 patates (haşlanmış)
- 1-2 havuç (haşlanmış)
- Yarım bardak iç bezelye (konserve)
- 10-12 küçük salatalık turşusu (kornişon)
- 3-4 dilim macar salamı, tuz

YAPILIŞI:

1. Porselen veya cam bir kâseye yumurta sarıları konur. Zeytinyağı damla damla ilâve edilip karıştırılır.
2. Daha sonra zeytinyağı iplik gibi akıtılarak karıştırılmaya devam edilir. Ara sıra limon damlatılır.
3. Zeytinyağı bitince tuz, hardal, limon suyu ilâve edilir.
4. Havuç, patates, turşu, salam küçük doğranır (tavla zarı büyüklüğünde).
5. Bunlara bezelye katılır. Tuz atılır.
6. Mayonezden 2-3 kaşık ayrılır (üzerini süsleme için). Kalanına karışık sebzeler konup karıştırılır.
7. Salata tabağına alınıp, ayrılan mayonez ve sebzelerle süslenir.

Not: Mayonez bozulursa şöyle düzeltilir.

1) Ayrı bir kâseye bir yumurta sarısı konur. Damla damla zeytinyağı ile arada bozulan mayonez konarak karıştırılır.
2) 1 tatlı kaşığı nişasta, bir fincan su ile pişirilip pelte yapılır. Karıştırarak soğutulur. Bozulan mayonez ve zeytinyağı azar azar konur karıştırılır.

MAYONEZLİ KEREVİZ SALATASI

MALZEMELER:

- 2 adet kereviz
- 1 limon
- 5-6 kaşık mayonez
- Üzeri için; zeytin, kırmızı turp, turşu, maydanoz yaprağı vs.
- Tuz

YAPILIŞI:

1. Kerevizler talaş bırakmadan soyulur.
2. İnce rendelenir, tuz ve limon suyu katılır.
3. Mayonez ilâve edilip karıştırılır.
4. Servis tabağına yerleştirilip üzeri isteğe göre süslenir.

Not: Rendelenmiş kerevize mayonezle birlikte 1-2 kaşık şekersiz krem şanti (çiğ süt kaymağı) katılırsa daha nefis olur.

***Kısa Bilgi:** Kereviz, kansızlığa ve gut hastalığına iyi gelir.*

ENGİNAR SALATASI

MALZEMELER:

- 6 adet içli iri enginar
- Yarım kaşık un
- 2 limon
- 3 patates
- 1 kahve fincanı zeytinyağı
- Tuz

YAPILIŞI:

1. Enginarın taç yaprakları sıyırılarak koparılır.
2. Saplar dibinden kesilir.
3. Fazla derinleşmeden soyulur.
4. İçleri kaşıkla çıkarılır.
5. Unlu ve tuzlu su ile haşlanır (kararmaması için).
6. Servis tabağına alınıp zeytinyağı ve limon gezdirilir.
7. Haşlanmış patates soyulup püre yapılır. Zeytinyağı, limon suyu ve tuz karıştırılıp enginarların içine doldurulur.
8. Zevke göre süslenir (zeytin, maydanoz, havuç, bezelye, turşu vs.)

Kısa Bilgi: *Enginar sindirimi kolay bir sebzedir. Ancak şeker hastaları yememelidir.*

SEPET DOMATES SALATASI

MALZEMELER:

- 8 adet orta boy kırmızı ve sert domates
- 1-2 salatalık
- 3-4 sivri biber
- 1 soğan
- Yarım demet maydanoz
- Yarım kahve fincanı zeytinyağı
- 1 limon
- 8 zeytin
- Tuz

YAPILIŞI:

1. Domatesler yıkanır. Ters çevrilip, ortada sepetin sapı olabilecek şekilde ince bir parça bırakılarak iki yarım daire çizilir ve kesilip kaşıkla domatesin içi alınarak, domatesten sepet yapılır.
2. Salatalık, biber, soğan maydanoz yıkanır, ayıklanır ve küçük küçük doğranır. Zeytinyağı, limon suyu, tuz katılıp karıştırılır.
3. Hazırlanan domateslerin içine doldurulup üzerlerine birer zeytin konur.

Not: Sepet domatesin içine Rus salatası, patlıcan salatası da doldurabilirsiniz.

***Kısa Bilgi:** Vitamin kaybını azaltmak için salatalar yemek saatinden hemen önce hazırlanmalıdır. Marul yaprakları bıçakla değil el ile koparılmalıdır.*

KISIR

MALZEMELER:

- 2 su bardağı ince bulgur.
- 1 kuru soğan
- 7-8 adet yeşil soğan
- 3 domates
- 1 demet maydanoz - dereotu
- 4-5 sivri biber
- 2 limon
- Yarım su bardağı zeytinyağı
- 2 çay kaşığı kırmızı biber veya 1 kaşık biber salçası
- 1 marul
- Tuz

YAPILIŞI:

1. Bulgur bir tepsiye konup ayıklanır.
2. Üzerine 1-2 bardak kaynar su dökülüp kapak kapatılır.
3. Soğan, maydanoz, dereotu, domates, biber yıkanıp küçük küçük doğranır.
4. Bulgur kabarınca, ince doğranmış kuru soğan, tuz kırmızı biber konur, biraz yoğrulur.
5. Hazırlanan sebzeler katılır zeytinyağı ve limon suyu ilâve edilip karıştırılır.
6. Temizlenmiş marul yaprakları ile tabağa yerleştirilir.

***Kısa Bilgi:** Acımış tereyağını, elma kabukları, 1-2 çay kaşığı tane karabiber, dört parçaya ayrılmış soğan ve tuz ile orta ateşte eritip süzünüz. Kullanılır hale geldiğini göreceksiniz.*

ORDÖVR

MALZEMELER:

- 4 katı pişmiş yumurta
- 4 yaprak jelâtin
- 10 dilim Macar salamı
- 3-4 küçük salatalık turşusu
- 2 su bardağı et suyu (yağsız)
- Tuz ve karabiber

YAPILIŞI:

1. Ilık et suyunda yıkanmış jelatin eritilir. Tuz ve karabiber atılır.
2. Yumurta, salam, turşu küçük küçük doğranır. Et suyuna katılıp,karıştırılır. (Yumurta sarılarını dağıtmadan ve et suyunu bulandırmadan karıştırınız.)
3. Islak şekilli kalıba boşaltılıp dondurulur (3-4 saat).
4. Kalıptan çıkarılacağı zaman, kalıp birkaç defa ılık suya batırılıp servis tabağı ters çevrilir.

Kısa Bilgi: *Vücudumuzdaki damarları uç uca eklemek kabil olsaydı 560.000 km'yi bulurdu.*

LAHANA TURŞUSU

MALZEMELER:

- 1 orta büyüklükte lahana
- 1 baş sarımsak
- 2-3 adet acı kırmızı biber
- 1 tatlı kaşığı şeker
- 1 avuç nohut
- 1 kahve kaşığı bira mayası
- Tuz (5 bardak suya 1 dolu çorba kaşığı)

YAPILIŞI:

1. Lahana bir iki yaprak soyulup dilim dilim kesilir. Emaye bir kovaya yerleştirilir. Kırmızı biber, sarımsak ve nohut konur.
2. 5 bardak suya 1 çorba kaşığı esas olmak üzere tuzlu su hazırlanır. Şeker ve bira mayası konup, eritilir. Lahananın üzerini geçecek şekilde doldurulur.
3. Hergün 1-2 kere karıştırılıp suyu savrularak havalandırılır. (Fena kokmaması ve suyun parlak olması için)
4. 15-20 gün içinde turşu olur.

Kısa Bilgi: *Çayın, kan damarlarının çeperlerindeki esnekliği artırarak kan basıncını düşürücü etkisi vardır. Ayrıca bağırsak bozukluklarında anti-biyotik etkisi yapar. Mesane, safrakesesi ve böbrek taşlarının oluşumunu engeller.*

İÇİ DOLDURULMUŞ BİBER TURŞUSU

MALZEMELER:

- 1,5 kg dolmalık biber (küçük ve ince kabuklu)
- 1 küçük lahana
- 4-5 adet salçalık kırmızı biber
- 1 baş sarımsak
- 1 demet maydanoz
- 10-12 dal kereviz
- 2 bardak sirke
- Tuz (4,5 bardak su için 1 dolu çorba kaşığı)

YAPILIŞI:

1. Biber yıkanıp sapları ve tohumları çıkarılır.
2. Lahana, salçalık, biber, sarımsak, maydanoz, kereviz ince ince kıyılıp karıştırılır.
3. Biberlere sıkıca doldurulur. Kavanoza yerleştirilir.
4. 4,5 bardak suya 1 çorba kaşığı tuz konarak tuzlu su hazırlanır. Buna sirke karıştırılıp kavanoza boşaltılır.
5. Üzerine temiz bir ağırlık konup kapak kapatılır.

Not: Turşuların bozulmaması ve kütür kütür olması için soğuk yerde saklanmalıdır.

SALATALIK BİBER TURŞUSU

(Çabuk)

MALZEMELER:

- Yarım kg. sivri biber
- 10-15 adet küçük salatalık
- 1 baş sarımsak
- 2 bardak sirke
- Yarım demet maydanoz
- Tuz (4,5 bardak suya 1 çorba kaşığı)

YAPILIŞI:

1. Salatalık ve biber yıkanır. Çatalla bir iki yerinden delinir.
2. 9 bardak suya 2 çorba kaşığı tuz konup kaynatılır.
3. Biberler ve salatalıklar daldırılıp hemen çıkarılır.
4. Kavanoza sarımsak ve maydanozla karışık olarak yerleştirilir.
5. Haşlama suyuna sirke katılır. Üzerine doldurulur. Temiz bir ağırlık konup kapak kapatılır.
6. Salatalık ve biber sararınca turşu olmuştur.

KIRMIZI PANCAR TURŞUSU

MALZEMELER:

- 1 kg. kırmızı pancar
- 1 su bardağı sirke
- 1 su bardağı su
- 1 baş sarımsak
- Yarım çorba kaşığı tuz

YAPILIŞI:

1. Pancarlar yıkanır. Çok yumuşak olmamak üzere haşlanır.
2. Soyularak yuvarlak dilemlenir. Kavanoza yerleştirilir.
3. Tuzla dövülmüş sarımsağa sirke ve su konup karıştırılır.
4. Pancarın üzerine dökülüp kavanoz sağa sola sallanır, kapak kapatılır.
5. Ertesi gün sofraya alınabilir.

ELMA SİRKESİ

MALZEMELER:

- Elma kabukları (yıkanmış)
- Su, Tuz

YAPILIŞI:

1. Elma kabukları bir kavanoza doldurulur. Üzerine biraz tuz ve su konup serin bir yerde bekletilir.
2. Sirke kokusu olunca süzülür. Şişelere doldurulur.
3. Salata ve turşularda kullanılır.

Kısa Bilgi: *Günde üç kere 1 tatlı kaşığı elma sirkesi ve üç kere çam balı yenirse romatizma ağrılarına çok faydalı olur.*

BÖLÜM 3

Etler

KURU KÖFTE

MALZEMELER:

- 500 gr. dana kıyma
- 2-3 dilim bayat ekmek içi
- 1-2 soğan
- Kimyon, karabiber (birer çay kaşığı)
- 1 yumurta
- Yarım demet maydanoz
- Kızartmak için 1 bardak zeytinyağı veya ayçiçek yağı

YAPILIŞI:

1. Kıyma, ıslatılıp sıkılmış ekmek, rendelenmiş soğan, tuz, karabiber, kimyon, kıyılmış maydanoz ve yumurta iyice yoğrulur.
2. Ceviz büyüklüğünde parçalara ayrılıp uzun veya yassı köfteler yapılır.
5. Kızgın yağda kızartılır.

Not:

1) Cızbız köfte yaparken ekmek konmaz veya az konur. Yumuşak olması için yoğrulurken 2 kaşık zeytinyağı ilâve edilir.
2) Kuru köfteye 1-2 diş dövülmüş sarımsak da katılabilir.
3) Artan köfte, salçalı su ilâve edilerek salçalı köfte de yapılabilir.
4) Kuru köfte hamuru küçük küçük yuvarlanıp kızartılarak üzerine birer kürdan batırılırsa, soğuk büfe için bir çeşit olur.

KADIN BUDU KÖFTE

MALZEMELER:

- 750 gr. dana kıyma
- 2 soğan
- 3 çorba kaşığı pirinç
- 3 yumurta (1 tanesi köfte hamuruna, 2 tanesi köfteyi kızartırken kullanılır.)
- Yarım demet maydanoz
- 1 bardak ayçiçek veya zeytinyağı (kızartmak için)
- 3-4 çorba kaşığı galeta unu
- Tuz ve karabiber

YAPILIŞI:

1. Pirinç ayıklanıp yıkanır. Bir bardak sıcak suya atılıp haşlanır ve suyu çektirilir.
2. Rendelenmiş soğan ile kıymanın yarısı, yağsız kavrulur. Çiğ kıymaya katılır.
3. Buna, haşlanmış pirinç, kıyılmış maydanoz, tuz, karabiber, 1 yumurta kırılıp yoğrulur.
4. Yumurta büyüklüğünde parçalara ayrılıp, oval ve yassı köfteler yapılır.
5. Önce galeta ununa, sonra çatalla çırpılmış yumurtaya batırılıp kızgın yağda kızartılır.

Kısa Bilgi: *Yağı çok yüksek hararette tutmak, yağda bir takım zehirli ve tahriş edici maddeler meydana gelmesine sebep olur. Bundan dolayı, tavada az yağla, yağı yakarak kızartma yapmak yanlıştır. Kızartma; derin bir kapta, bol yağda ve yağın içinde adeta kaynatmak şeklinde yapılmalıdır.*

HAVUÇLU SULU KÖFTE

MALZEMELER:

- 250 gr. yağsız dana kıyma
- 2 çorba kaşığı pirinç
- 2 adet soğan
- 2 adet havuç
- 1 çorba kaşığı sıvı yağ
- 1 yumurta
- Yarım limon suyu
- Tuz, karabiber

YAPILIŞI:

1. Kıymaya 1 adet soğan rendelenir. Kıyılmış maydanoz yaprakları, tuz, karabiber, 1 yumurta akı konup yoğrulur.
2. Yıkanmış pirinç, kırılmaması için sonradan ilâve edilir. Biraz yoğrulup avuç içinde fındıktan büyük toplar yapılır.
3. Küçük doğranmış 1 adet soğan, kıyılmış maydanoz sapları 1 kaşık yağda hafif kavrulur.
4. 6 su bardağı su konur. Kaynayınca köfteler ile küçük doğranmış havuçlar atılıp yavaş yavaş pişirilir.
5. Ateş kapatıldıktan sonra çatalla çırpılmış 1 yumurta sarısı ile yarım limonun suyu ilâve edilip 1-2 kere karıştırılır.

BULGURLU KÖFTE

MALZEMELER:

- 500 gr. dana kıyma
- 3-4 çorba kaşığı ince bulgur
- 1 yumurta
- Yarım demet dereotu
- 1-2 soğan
- 1 çay kaşığı karabiber
- 1 çorba kaşığı salça
- 2 çorba kaşığı yağ
- Tuz

YAPILIŞI:

1. Rendelenmiş soğan, doğranmış dereotu, tuz, karabiber, kimyon, bulgur, kıyma ve yumurta iyice yoğrulur.
2. Küçük köfteler yapılır. Yağda kızartılıp tepsiye dizilir.
3. Üzerine iki bardak su ile ezilmiş salça dökülüp yavaş yavaş pişirilir.

Not: Ertesi öğüne kalan köfteler, suyundan süzüldükten sonra çırpılmış yumurtaya batırılıp kızartılırsa değişik lezzette bir yemek çeşidi olur.

ROSTO KÖFTE

MALZEMELER:

- 750 gr. dana kıyma
- 2 soğan
- 2 dilim bayat ekmek içi
- 3 yumurta (2 tanesi köfte içine katı pişirilecek, 1 yumurta akı köfte hamuruna, 1 yumurta sarısı üzerine sürülecek)
- 1 havuç (haşlanmış)
- 1 su bardağı iç bezelye (konserve)
- Tuz, karabiber, kimyon (1 çay kaşığı)

YAPILIŞI:

1. Kıyma, rendelenmiş soğan, ıslatılıp sıkılmış ekmek, tuz, karabiber, kimyon ve bir yumurta akı iyice yoğrulur.
2. Fırın tepsisinin boyundan dört parmak kısa olarak silindir yapılır.
3. Ortadan boydan boya yarılıp, haşlanmış yumurta, bezelye, küçük küçük doğranmış havuç konup köfte kapatılır. Islak elle düzeltilir.
4. Yağlanmış fırın tepsisine konup üzerine yumurta sarısı sürülür.
5. Fırında, sıcaklık önce üstten verilir (çatlamaması için). Pişince servis tabağına alınıp dilimlenir.

Not:

1) Tepside kalan yağa bir tatlı kaşığı nişasta ve 1 çorba kaşığı salça konup bir bardak su ile kaynatarak köftenin üzerine sos yapılabilir.
2) Rulonun içine patates püresi de konabilir.

PATATES KÖFTESİ

MALZEMELER:

- 6 orta büyüklükte patates
- 3 yumurta (1 tanesi köfte hamuruna, 2 tanesi köfteyi kızartırken kullanılır).
- 5 kibrit kutusu kadar beyaz peynir (150 gr.)
- Yarım demet maydanoz
- 2-3 çorba kaşığı un, galeta unu
- Kızartmak için bir su bardağı zeytinyağı veya ayçiçek yağı.
- Tuz ve karabiber.

YAPILIŞI:

1. Patatesler yıkanır, haşlanıp soyulur ve rendelenir.
2. Soğuyunca 1 yumurta, tuz, karabiber konup yoğrulur.
3. Yumurta büyüklüğünde parçalara ayrılıp, avuç içinde kayık gibi açılır. İçine peynir maydanoz karışımı konup kapatılır. Hafifçe sıkılıp şekil düzeltilir.
4. Önce una, sonra çatalla çırpılmış yumurtaya ve galeta ununa batırılıp kızgın yağda pembe kızartılır.
5. Fazla yağını alması için delikli kepçe ile kâğıt üzerine çıkarılır.

Not:

1) Peynir yerine kıymalı iç de konabilir. (Kıyma, soğan, maydanoz, tuz, karabiber karışımı.)
2) İç koymadan şekil verilip, un, yumurta ve galeta ununa batırılıp kızartılırsa "Patates Kroket" olur.

PATLICANLI KÖFTE

MALZEMELER:

- 500 gr. yağsız dana kıyma
- 1 dilim bayat ekmek içi
- 1 avuç maydanoz yaprağı, 1-2 soğan
- 1 kahve kaşığı karabiber ve kimyon
- 5-6 patlıcan
- 1 bardak zeytinyağı veya ayçiçek yağı
- 2 domates
- Yarım kaşık salça
- 4-5 sivri biber
- Tuz

YAPILIŞI:

1. Rendelenmiş soğan, kıyma, ufalanmış ekmek içi, kıyılmış maydanoz, tuz, karabiber, kimyon iyice yoğrulur.
2. Küçük yassı köfteler yapılır.
3. Patlıcanların baş tarafı kesilip soyulur, boydan boya ince dilimlenir.
4. Bol tuzlu suda yarım saat bırakılır. Yıkanıp kurulanır.
5. Zeytinyağında kızartılıp iki tanesine bir köfte sarılıp uçları alta gelmek üzere tepsiye yerleştirilir.
6. Her köftenin üzerine birer dilim domates ve sivri biber konur.
7. Biraz yağ ve salçalı su ilâvesiyle yavaş yavaş pişirilir.

Not: Patlıcanların içine köfte yerine pişirilmiş parça et de konabilir.

BEYAZ PEYNİR KÖFTESİ

MALZEMELER:

- Yarım kalıp beyaz peynir
- 2 dilim bayat ekmek içi
- 2 yumurta
- Maydanoz ve dereotu
- Karabiber
- Kızartmak için zeytinyağı veya ayçiçek yağı

YAPILIŞI:

1. Peynir, rendelenir. Ufalanmış ekmek içi, karabiber, maydanoz, dereotu ve yumurta konup karıştırılır.
2. Küçük köfteler yapılıp, yağda kızartılır.

PEYNİRLİ PATLICAN

YAPILIŞI:

1. 3 patlıcan soyulup halka halka dilimlenir. Tuzlu suda yarım saat bekletilir, yıkanıp kurulanır.
2. İki yumurta kadar beyaz peynir rendelenir, doğranmış maydanoz, 1 yumurta karıştırılır.
3. Bir dilim patlıcana az miktar peynir karışımı sürülüp, ikinci dilim üzerine kapatılır. İki taraf unlanır.
4. Kızgın yağda kızartılıp fazla yağı çekmesi için kâğıt üzerine alınır.

Kısa Bilgi: *Beyaz peynir sindirimi kolaylaştırır. Hergün bir kibrit kutusu kadar peynir yenmelidir.*

SOĞAN KÖFTESİ

(Hint ikramı)

MALZEMELER:

- 4 soğan
- 4 çorba kaşığı un
- 2 yumurta
- 1 şişe ketçap veya 2-3 kaşık biber salçası
- Kızartmak için 1 bardak zeytinyağı veya ayçiçek yağı
- Tuz ve karabiber

YAPILIŞI:

1. Soğan yarım halka şeklinde doğranır. Un, yumurta, tuz, karabiber konup karıştırılır.
2. Kızgın yağa kaşık kaşık dökülüp kırmızı renkte kızartılır.
3. Ketçap veya biber salçası ile servis yapılır.

Kısa Bilgi: *Yeşil soğandaki "C" vitamini kuru soğanın iki katıdır.*

ÇİĞ KÖFTE

MALZEMELER:

- 500 gr. dana kıyma (Et beklememiş ve sinirsiz olmalıdır.)
- 1,5-2 su bardağı ince bulgur
- 3-4 çay kaşığı acı kırmızı biber
- 2 çay kaşığı kimyon
- 1 çorba kaşığı biber salçası
- 1 soğan
- 2 çay kaşığı karabiber, tuz

SALATASI İÇİN:

- 8-10 tane taze soğan
- 1 demet maydanoz
- 4-5 çay kaşığı sumak
- Yarım kahve fincanı zeytinyağı
- 1 limon
- Tuz

YAPILIŞI:

1. Kıyma, rendelenmiş soğan, bulgur, kırmızı biber, kimyon, tuz, karabiber ara sıra su serperek iyice yoğrulur.
2. Biber salçası ile de yoğrulduktan sonra avuç içinde sıkılarak küçük köfteler yapılır. Servis tabağına dizilir.
3. Taze soğan ve maydanoz ince doğranır. Kırmızı biber, sumak, zeytinyağı, tuz ve limon suyu karıştırılır.
4. Köfte servis yapılırken salatası yanında verilir.

İÇLİ KÖFTE

MALZEMELER:

- 750 gr. dana kıyması (iki kere çekilmiş)
- 1,5-2 su bardağı ince bulgur
- 3-4 yumurta (1 tanesi, hamura, 2-3 tanesi kızartılırken kullanılacak.)
- 1 avuç ceviz içi
- 2 soğan
- Çam fıstığı, kuş üzümü (1'er çorba kaşığı)
- 1 çorba kaşığı margarin
- 1 bardak zeytinyağı veya ayçiçek yağı
- 2 kahve kaşığı karabiber ve tuz
- 2 kahve kaşığı kimyon
- 1 kahve kaşığı kırmızı biber

YAPILIŞI:

İçinin Hazırlanması:
İnce doğranmış soğan, çam fıstığı, margarin ile kavrulur. Kıymanın yarısı ilâve edilir. Suyunu çekince, tuz, karabiber, kimyon, doğranmış ceviz, kuş üzümü konup karıştırılır.

1. İnce bulgur ile kıymanın diğer yarısı, tuz, karabiber, kırmızı biber ve bir yumurta, ara sıra su serperek iyice yoğrulur.
2. Yumurtadan küçük parçalara ayrılıp avuç içinde parmak yardımı ile mümkün olduğu kadar ince açılır.
3. Hazırlanan iç doldurulup delik kapatılır. Islak avuç içinde sıkılıp düzeltilir.
4. Kaynar az tuzlu suda birkaç dakika haşlanır (suyu fazla kaynatmamalı). Delikli kepçe ile alınıp, ılınınca çatalla çırpılmış yumurtaya batırılır. Kızgın yağda kızartılır.

KOLAY İÇLİ KÖFTE

MALZEMELER:

- 500 gr. dana kıyma
- 3-4 adet kuru soğan
- 1 su bardağı rendelenmiş havuç
- 1 su bardağı ince bulgur (yarım bardak sıcak su ile kabartılır)
- Yarım su bardağı doğranmış ceviz içi
- 6 adet yufka
- 3 yumurta
- Tuz, karabiber
- 1 su bardağı galeta unu
- 2 su bardağı sıvı yağ

YAPILIŞI:

1. İnce doğranmış soğan, 3 çorba kaşığı sıvı yağda hafif kavrulur. Kıyma ilave edilir. Suyunu çekince rendelenmiş havuç konur. 4-5 dakika pişirildikten sonra ateşten alınır. Kabartılmış ince bulgur, ceviz içi, tuz, karabiber katılır. Bu harç 24 kısma ayrılır.
2. Yufkalar 8 parçaya bölünür (tamamı 48 adet). Bir parçanın üzerine yumurta akı sürülüp ikincisi üzerine yapıştırılır. Kıymalı harç konur, iki parmak genişliğinde gevşek sarılır (hepsi 24 adet).
3. Artan yumurta akı ve yumurta sarıları iyice çırpılır. Yufkalar önce yumurtaya, sonra galeta ununa bulanıp kızgın yağda kızartılır. Sıcak olarak servis yapılır.

Not: Kızartmayı küçük ve derin bir tencerede yapınız.

ŞARK KÖFTESİ

MALZEMELER:

- 2 su bardağı ince bulgur
- 1 avuç kuru nane yaprağı
- 6 adet soğan
- 2-3 kaşık un
- 1 yumurta akı
- 3 kaşık margarin
- 2 çay kaşığı kırmızı biber
- 750 gr. yoğurt
- 3 diş sarımsak
- Tuz

YAPILIŞI:

1. Bulgur ayıklanıp üzerine 2 bardak kaynar su serpilip, kapak kapatılır ve kabarması beklenir.
2. İçine nane ufalanır, 1 soğan rendelenir. Tuz, un ve 1 yumurta akı konarak iyice yoğrulur. (Arasıra su serpilir.)
3. Avuç içinde sıkarak küçük köfteler yapılır.
4. Tuzlu kaynar suda dağıtmadan haşlanır. (Suyu fazla kaynatmamalıdır.)
5. Soğan yarım halka şeklinde doğranıp yağda gevrek olarak kızartılır, kırmızı biber konur.
6. Köfteler suyundan alınıp üzerine sarımsaklı yoğurt sonra da soğan kavurması dökülür.

***Kısa Bilgi:** Yoğurt kansızlık, kalp hastalığı, sindirim güçlüğüne ve karaciğer hastalığına faydalıdır.*

MERCİMEKLİ KÖFTE

MALZEMELER:

- 2 su bardağı kırmızı mercimek
- 1,5 su bardağı ince bulgur
- 3 soğan
- 3-4 kaşık yağ
- 2-3 çay kaşığı kırmızı biber
- 2-3 çay kaşığı kimyon
- Yarım demet dereotu ve maydanoz
- 6-7 taze soğan
- 1 kaşık salça

YAPILIŞI:

1. Soğan ince doğranıp yağda hafifce pembeleştirilir.
2. Taze soğan, dereotu temizlenip ince doğranır.
3. Mercimek ayıklanıp yıkanır; 3-4 bardak su ile iyice haşlanır. Sıcakken bulgurun üzerine dökülüp karıştırılır. Kapak kapatılarak bulgurun kabarması beklenir.
4. Bulgur kabarınca, kavrulmuş soğan, tuz, kırmızı biber, karabiber, kimyon, salça konup yoğrulur.
5. Son olarak taze soğan, maydanoz, dereotu karıştırılır. Avuç içinde sıkılarak küçük köfteler yapılır.
6. Tabağa dizilir. Arzu edilirse çif köfte salatası ile servis yapılır.

***Kısa Bilgi:** Mercimek kuvvetli ve sindirimi kolay bir bitkisel proteindir.*

PATATESLİ BULGURLU KÖFTE

MALZEMELER:

- 5-6 patates
- 1 su bardağı ince bulgur
- 3-4 sivri biber
- 10-12 adet taze soğan
- 1 demet maydanoz
- 2-3 çay kaşığı kimyon
- 2 çay kaşığı kırmızı biber
- 2 çay bardağı zeytinyağı
- 1-2 limon suyu, tuz

YAPILIŞI:

1. Patatesler haşlanıp soyulur, püre makinasından geçirilir veya rendelenir.
2. Bulgur ayıklanıp üzerine 1 bardak kaynar su dökülüp kapatılır.
3. Patates, bulgur, tuz, kırmızı biber, kimyon, zeytinyağı, doğranmış biber, soğan, maydanoz ve limon suyu karıştırılıp yoğrulur.
4. Avuç içinde sıkılarak küçük köfteler yapılır, servis tabağına yerleştirilir.
5. Marul yaprakları ve çiğ köfte salatası ile servis yapılır.

Not: İsterseniz; 3 yumurtayı çatalla çırpıp yağda omlet gibi pişiriniz. Patatesli bulgura ilâve edip yoğurunuz. Diğer malzemelerle şekilleyiniz.

Kısa Bilgi: *Bulgur bol posalı bir besin olduğundan bağırsakların boşalmasını kolaylaştırır. Ayrıca B grubu vitamini yönünden zengindir.*

ROSTO

MALZEMELER:

- Yarım koyun budu
- 2 kaşık margarin
- 1 kaşık salça
- Tuz

YAPILIŞI:

1. But etini alabilecek bir tencerede yağ eritilir.
2. İyi kızarması için, etin üzerini kaplayan ince zarı çıkarmadan etin iki tarafı iyice tuzla ovulur ve yağda kızartılır.
3. Yarım fincan su ile sulandırılmış salça konur. Biraz sonra da 3-4 bardak sıcak su ilâve edilip kapak örtülür.
4. Orta ateşte 2 saat pişilir (et yağına kalmalıdır).
5. Biraz soğuyunca dilimlenip servis tabağına yerleştirilir. Üzerine tenceredeki salçalı yağ gezdirilerek dökülür.
6. Etin yanına havuç, bezelye soteleri, patates tavası veya patates püresi konarak servis yapılır.

Not:

1) Rosto, but etin kemikleri çıkarıldıktan sonra rulo şeklinde bağlanarak da aynı şekilde pişirilir.
2) Kuzu budu tencerede pişirmeden, fırında şöyle pişirilir: Et tuzlanıp yağlanır.Tepsiye konup fırında ara sıra su ilâvesi ile pişirilir. Yağına biraz salça konup renklendirilerek üzerine dökülür.

BUĞU KEBABI

MALZEMELER:

- 1 kg. koyun kuşbaşı eti
- 3 avuç arpacık soğan
- 3-4 diş sarımsak
- 2 kaşık yağ
- 1 domates
- 1 çay kaşığı kekik
- 1 çay kaşığı karabiber
- 2 defne yaprağı
- Tuz

YAPILIŞI:

1. Düdüklü tencereye et, soğan, sarımsak, tuz, karabiber, kekik, defne yaprağı ve rendelenmiş domates ile yağ karışık konur.
2. Su koymadan kapak kapatılır. Hafif ateşte 1 saat pişirilir.
3. Pilav ve salata ile servis yapılır.

Kısa Bilgi:

1. *Düdüklü tencerede yemek pişirirken, suyu fazla buharlaşmadığından az su ile pişirilmelidir.*
2. *Düdüklü tencerede yemek pişirmek zamandan, yakıttan tasarruf sağlar, bilhassa vitaminler daha az ziyan olur.*

ORMAN KEBABI

MALZEMELER:

- 1 kg. kuşbaşı et (koyun veya süt danası)
- 2-3 çorba kaşığı sıvı yağ
- 2 soğan
- 3 patates
- 3 havuç
- 1 su bardağı konserve bezelye
- 1 çorba kaşığı salça
- 2 çay kaşığı kekik
- Tuz

YAPILIŞI:

1. Küçük doğranmış soğan, et ve yağ tencereye konur. Ateş üzerinde karıştırarak kavrulur.
2. Salça konur; biraz daha karıştırılıp 2-3 bardak su ilâve edilerek etler yumuşayıncaya kadar orta ateşte pişirilir.
3. Patates soyulur. Havuç kazınır. Küçük küçük doğranır.
4. Yumuşayan ete ilâve edip kapak kapatılır. Sebzeler pişince konserve bezelye ve tuz ilâve edilir. 5-10 dakika sonra kekik serpilir, ateşten alınır.

***Kısa Bilgi:** Konserve kutularının alt ve üst yüzeyleri yukarı doğru bombeli ise bozuktur. Kullanılması tehlikelidir.*

ŞİŞ KEBABI

MALZEMELER:

- 1 kg. koyun veya kuzu kuşbaşı et (şişlik)
- 2 domates
- 4 sivri biber
- 2 tutam kekik
- 1 limon
- 1 kahve fincanı zeytinyağı
- 2 kırmızı soğan
- 1 demet maydanoz
- Tuz ve karabiber

YAPILIŞI:

1. Zeytinyağı, limon suyu, tuz, karabiber ve kekik karıştırılır.
2. Etler bu karışıma konup karıştırılır. En az 3-4 saat dinlendirilir.
3. Domates ve biber et büyüklüğünde doğranır.
4. Isıtılmış şişlere, şu sıra ile dizilir: et, domates, et, biber.
5. Alevsiz kömür ateşinde veya elektrikli ızgarada bir tarafı iyice pişirildikten sonra çevirmek suretiyle iki tarafı pişirilir (kuru olmaması için).
6. Kırmızı soğan ve maydanoz dalları ile servis yapılır.

Not: Sakatat etleri şiş yapılacağı zaman zar ve sinirleri çıkarılır. Böbrek ve yürek yıkanıp kurulanır. Ciğer ve koç yumurtası yıkanmaz.

YOĞURTLU PİDELİ KEBAP

MALZEMELER:

- 1 kg. koyun kuşbaşı et
- 2 soğan
- 3 domates
- 4 çorba kaşığı yağ
- 3 pide
- 500 gr. yoğurt
- Tuz ve karabiber

YAPILIŞI:

1. Soğan rendelenir. Suyu alınıp ete ilâve edilir. Birkaç saat veya bir gece bekletilir.
2. 2 kaşık yağ ile et kavrulur. Rendelenmiş domates konur. Birkaç kere karıştırılır.
3. Suyu konur. Etler yumuşayıncaya kadar pişirilir. (Et yağına kalmalıdır.)
4. Pideler ısıtılıp küçük küçük kesilir. Tabağa yerleştirilip erimiş yağ gezdirilir.
5. Pidelerin üzerine çatalla çırpılmış yoğurt ve sonra pişirilen et konur.

Not: Kebap şöyle de hazırlanabilir:

1) Kuşbaşı et şişe geçirilip kömür ateşinde veya elektrikli ızgarada pişirilir.
2) Cızbız köfte hamuru yapılır, şişe geçirilip kömür ateşinde veya elektrikli ızgarada pişirilir.

YUFKALI PİRZOLA

MALZEMELER:

- 12 kalem kuzu pirzolası
- 2 domates, 3 sivri biber
- Yarım kaşık margarin
- 3 hazır yufka
- 1 su bardağı zeytinyağı ve ayçiçek yağı (Kızartmak için)
- Tuz ve karabiber

YAPILIŞI:

1. 3 bardak su kaynatılır. Pirzolalar suyun içine konup köpükler alınır. Et yumuşayıncaya kadar pişirilir. Suyundan alınıp tuzlanıp biberlenir.
2. Yarım kaşık margarinle, rendelenmiş domates ve küçük doğranmış biber ateş üzerinde koyulaşıncaya kadar karıştırılır.
3. Yufkalar dörde bölünür. Her parçaya bir pirzola ve onun üzerine hazırlanan sostan biraz konup pirzolanın sapı dışarıda kalmak üzere muska gibi sarılır. Hamurun ucu su ile yapıştırılır.
4. Kızgın yağda kızartılıp fazla yağı alması için kâğıt üzerine çıkarılır.

Not: Pirzolanın haşlama suyundan çorba veya pilav yapınız.

Kısa Bilgi: *Eti soğuk su ile ateşe koyarsanız besleyici kısmı büyük ölçüde suya geçer. Kaynar suya atarsanız, üzerinde hemen koruyucu bir tabaka teşekkül eder ve besleyici kısmı ette kalır.*

BEŞAMEL SALÇALI PİRZOLA

MALZEMELER:

- 10 adet kuzu veya koyun pirzola
- 2 kaşık margarin
- 3 kaşık un
- 1,5 su bardağı süt
- 2 yumurta
- 1 çorba kaşığı rende kaşar peyniri
- 1 su bardağı zeytinyağı veya ayçiçek yağı (Kızartma için)
- Tuz ve karabiber

YAPILIŞI:

1. BEŞAMEL SALÇASI: Margarin ile un hafif pembe kavrulur. Süt konarak koyu muhallebi gibi pişirilir. Ilınınca yumurtalar kırılır. Tuz ve rende kaşar peyniri karıştırılır.
2. Pirzolalara tuz ve karabiber serpilir. Yağda kızartılarak pişirilir. Fazla yağı çekmesi için kâğıt üzerine çıkarılır.
3. Sonra pirzolaların iki tarafı, hazırlanan beşamel salçasına batırılıp yağda pembe olarak kızartılır.
4. Saplara yaldız kâğıt veya püsküllü kâğıt sarılıp süslenir.

Not: Pirzolalar, beşamel salçası yerine şöyle kaplanabilir: 3-4 patates haşlanıp püre yapılır. Buna 2-3 yumurta, 1 kaşık rende kaşar, 2 kaşık un, tuz, karabiber ilâve edilip, karıştırılır.

SEBZELİ KOYUN ETİ

(Haşlama)

MALZEMELER:

- 1 kg. koyun eti (Kemikli parça et)
- 3 havuç
- 3 patates
- 1 kereviz
- 3 soğan
- 1 demet maydanoz
- 1-2 limon suyu
- 1-2 yumurta sarısı
- Tuz

YAPILIŞI:

1. Düdüklü tencerede 4 bardak su kaynatılır. Yıkanmış et konup köpükleri alınır.
2. Küçük doğranmış havuç, kereviz ve dörde bölünmüş soğan, patates, tuz konup kapağı kapatılır.
3. Harlı ateşte düdük sesi geldikten sonra hesap edilerek yarım saat pişirilir.
4. Soğuyunca kapak açılır. Yumurta sarısı ve limon suyu ile hazırlanmış terbiye ilâve edilir.
5. Servis tabağına alınıp üzerine kıyılmış maydanoz serpilir.

Not: Büyük soğan yerine 1-2 avuç arpacık soğan da kullanılabilir.

***Kısa Bilgi:** Romatizmalılar için haşlama et ve ebegümeci faydalıdır.*

KUZU KAPAMA

MALZEMELER:

- 1 kg. kemikli kuzu eti
- 2 kaşık yağ
- 1 kuru soğan
- 12 adet yeşil soğan
- 1 demet pazı
- 1 marul
- 1 havuç
- 1 demet dereotu
- Tuz

YAPILIŞI:

1. Düdüklü tencereye et, ayıklanıp doğranmış kuru ve yeşil soğan, havuç, yaprak yaprak koparılmış pazı, marul, tuz ve yağ konup karıştırılır.
2. İki kahve fincanı da su ilâve edilip kapak kapatılır. Orta ateşte, düdük sesi geldikten sonra hesap edilmek üzere 20-25 dakika pişirilir.
3. Soğuyunca kapak açılır. Servis tabağına alınıp kıyılmış dereotu serpilir.

Kısa Bilgi: *Marul, mide ağrılarına, uykusuzluğa, bronşit, şeker hastalığı ve mafsal ağrılarına faydalıdır.*

SALÇALI BİFTEK

MALZEMELER:

- 1 kg. biftek
- 2 kaşık yağ
- 1 soğan
- 1 havuç
- 1 kereviz
- 1 patates
- 2 diş sarımsak
- 1 kaşık salça
- Yarım su bardağı kırmızı şarap
- Tuz, karabiber ve 1 defne yaprağı

YAPILIŞI:

1. Biftekler yağda kızartılıp tencereye alınır.
2. Aynı yağda küçük doğranmış soğan, sarımsak, havuç, kereviz, patates, defne yaprağı kavrulur.
3. Salça ve şarap konur. Etlerin üzerine yayılır.
4. 3-4 bardak su ilâve edilip biftekler yumuşayıncaya kadar pişirilir. Tuz ve karabiber atılır.
5. Patates püresi, pilav ve makarna ile servis yapılır.

Not: İstenirse bifteklerle pişen sebzeler, kaşık yardımı ile süzgeçten geçirilir; etin üzerine sos olarak dökülür.

Kısa Bilgi: *Yetişkin bir insanın günlük protein (et, süt, yumurta, baklagiller) ihtiyacı kilosu başına 1 gr'dır. Örneğin, 65 kg. ağırlığındaki bir insanın günlük protein ihtiyacı 65 gr'dır. Büyüme çağında ise bu miktar kg. başına 2-3 gr'dır.*

PEYNİRLİ BİFTEK

MALZEMELER:

- 8 biftek
- 200 gr. gravyer veya kaşar peyniri
- 2 kaşık tereyağı veya margarin
- 1 soğan, tuz ve karabiber

YAPILIŞI:

1. Soğan rendelenir. Suyu alınıp tuz ve karabiber atılır. Etler batırılıp kapalı olarak bir gece buzdolabında dinlendirilir.
2. Peynir ve yağ bir tencereye konur. Kaynar su bulunan başka bir kabın üzerinde veya çok hafif ateşte eritilir.
3. Biftekler alevsiz kömür ateşinde veya elektrikli ızgarada pişirilir. Kurumaması için önce bir yüzleri sonra öteki tarafları pişirilir.
4. Sıcak sıcak üzerine erimiş peynir dökülür.

Not: Yanına garnitür olarak sebze soteleri, patates tava ve pilav da konabilir.

Kısa Bilgi:

1. *Yetişkin insanlar protein ihtiyacının %35'ini hayvansal proteinlerden (et, süt, yumurta), %65'ini bitkisel proteinlerden (fasulye, nohut, mercimek, bakla, bezelye) karşılamalıdır.*
2. *Büyüme çağında, hamilelik ve süt verme durumunda, protein ihtiyacının yarısı hayvansal, yarısı bitkisel kaynaklardan karşılanmalıdır.*

ŞİNİTSEL

MALZEMELER:

- 1 kg. biftek (ince dövülmüş)
- 4 çorba kaşığı galeta unu
- 3 çorba kaşığı un
- 3 yumurta
- 1 su bardağı zeytinyağı veya ayçiçek yağı (Kızartma için)
- Tuz ve karabiber

YAPILIŞI:

1. Bifteklerin iki tarafı tuzlanıp biberlenir.
2. Önce elenmiş una, sonra çırpılmış yumurtaya, sonra da galeta ununa bulanıp elle bastırılır.
3. Kızgın yağda kızartılıp patates tava ve salata ile servis yapılır.

Not:

1) Biftekler bir gece soğan suyunda bekletilirse daha lezzetli olur.
2) Biftekler una bulanmadan rende kaşara batılırsa nefaseti artar.

Kısa Bilgi: *Hayvansal gıdalar zekâ faaliyetlerini arttırır. Bilhassa proteinlerin zekâya etkisi 0-4 yaş arasıdır. Çünkü beyin ve sinir hücreleri bu ara gelişir.*

BEYİN TAVA

MALZEMELER:

- 2 dana beyin
- 1 soğan
- 2 defne yaprağı
- Yarım bardak ayçiçek veya zeytinyağı (Kızartma için)
- 1 avuç maydanoz yaprağı
- 1 limon
- Tuz, karabiber

YAPILIŞI:

1. Beyinlerin zarları az akan çeşme altında soyularak çıkarılır.
2. Sıcak suya konur. Tuz, dörde bölünmüş soğan, defne yaprağı ilâve edilip yarım saat haşlanır, suyunda soğutulur.
3. Suyundan çıkarılan beyinler, boyuna 6-8 parçaya dilimlenir. Tuz ve karabiber serpilir.
4. Dilimler önce una, sonra yumurtaya batırılıp kızgın yağda pembe olarak kızartılır. Fazla yağı çekmesi için kâğıt üzerine çıkarılır.
5. Servis tabağına alınıp maydanoz yaprakları ve limon dilimleri ile süslenir.

Kısa Bilgi: *Beyinde, hayat için lüzumlu olan önemli maddelerin hepsi vardır.*

CİĞER TAVA

MALZEMELER:

- 1 koyun karaciğer
- 2 kaşık margarin
- 2-3 soğan
- Yarım demet maydanoz
- 2 çay kaşığı sumak
- 2 çay kaşığı kırmızı biber
- 2 çorba kaşığı zeytinyağı
- Yarım limon
- Tuz

YAPILIŞI:

1. Karaciğerin zarı soyulur. Kuşbaşı doğranır.
2. Bir tencere yağ kızdırılır. Ciğerler atılıp karıştırılır. Harlı ateşte kapak kapatmadan karıştırarak pişirilir (suyunu çekinceye kadar). Tuz ve karabiber atılır.
3. Soğan yarım halka şeklinde doğranır. Kıyılmış maydanoz, tuz, kırmızı biber, sumak, zeytinyağı, limon suyu ilâve edilip karıştırılır.
4. Ciğerle, soğan salatası beraber servis yapılır.

Not: Ciğeri, sertleşmemesi için harlı ateşte ve kapak kapatılmadan pişirilmelidir.

Kısa Bilgi: *Karaciğer çok besleyici ve sindirimi kolaydır. Ancak genç ve sağlıklı karaciğer alınmalı ve iyi pişirilmelidir.*

SEBZELİ PİLİÇ

MALZEMELER:

- 1 piliç veya 4 parça kemikli göğüs eti
- 2 adet soğan
- 3-4 diş sarımsak
- 2-3 çarliston biber
- 100-150 gr. taze fasulye
- 2 kabak
- 1 patlıcan
- 2 domates
- 2 çorba kaşığı sıvı yağ
- Tuz, karabiber

YAPILIŞI:

1. Pilicin ince tüyleri ocak alevinde yakılır. İçi dışı yıkandıktan sonra, suyu sıkılmış yarım limon ile iyice ovulur. 20-30 dakika bekletilir. Sonra butlar ve kanatlar çıkarılır. Göğüs kafesi iki parçaya ayrılır.
2. Çelik bir tencerenin altına etler dizilir. Tuz, karabiber serpilir.
3. Sebzeler yıkanır. Soğan, sarımsak, biber, domates küçük küçük; fasulye, kabak, patlıcan, kuşbaşı doğranıp hepsi karıştırılarak harmanlanır.
4. Pilicin üzerine yerleştirilip, tuz, karabiber serpilir. İki kaşık sıvı yağ gezdirildikten sonra tencerenin kenarından 1 bardak su konur.
5. Orta ateşte sebzeler fazla ezilmeden pişirilir. Ateş kapatıldıktan sonra 15 dakika kadar tencerenin kapağı kapalı olarak dinlendirilir ve servis yapılır.

Not: Yoğurt sarımsaklı olarak da servis yapılabilir.

ÇERKEZ TAVUĞU

MALZEMELER:

- 1 tavuk
- 2,5-3 bardak ceviz içi
- 2 dilim bayat ekmek içi
- 2-3 kahve kaşığı kırmızı biber
- 1-2 çorba kaşığı zeytinyağı
- 1 avuç maydanoz yaprağı
- Tuz, 1 kahve kaşığı karabiber

YAPILIŞI:

1. Tavuğun içi temizlenir. Ocak alevinde alazlanır. Yıkanır ve haşlanır.
2. Soğuyunca etler küçük küçük parçalara ayrılıp servis tabağına alınır, tuz ve karabiber serpilir.
3. Ceviz ayıklanıp makinadan geçirilir. Islatılıp sıkılmış ekmek içi, kırmızı biber, tuz konup karıştırılır. İki kaşık da zeytinyağı ilâve edilir. Avuç içinde sıkılıp, çıkan yağ bir kâseye ayrılır.
4. Ekmekli cevize biraz tavuk suyu karıştırılıp ezilmiş yoğurt kıvamına getirilir.
5. Bu sos, tavuk etinin üzerine dökülüp bıçakla düzeltilir. Üzeri, ayrılan ceviz yağı ve maydanoz yaprakları ile süslenir.

Not: İstenirse ceviz karışımına 1-2 diş dövülmüş sarımsak da konabilir.

Kısa Bilgi:

Sığır 8 kg. yeme....................1 kg. et verir.
Koyun 8,5 kg. yeme............1 kg. et verir.
Domuz 3 kg. yeme..............1 kg. et verir.
Tavuk 3,5 kg. yeme.............1 kg. et ve 1 yumurta verir.

FIRINDA TAVUK GRATEN

MALZEMELER:

- 1 tavuk
- 2 kaşık yağ (margarin)
- 2 kaşık un
- Yarım litre süt
- 3-4 çorba kaşığı rende kaşar
- 2 yumurta
- Tuz ve karabiber

YAPILIŞI:

1. Tavuk temizlenir, ocak alevinde alazlanır, yıkanır ve haşlanır.
2. Soğuyunca küçük parçalara ayrılır.
3. Yağ ile un hafif pembe kavrulur. Süt ilâve edilip muhallebi gibi pişirilir. Ilınınca yumurta ve 2 kaşık rende kaşar peyniri konup karıştırılır.
4. Yağlanmış tepsiye bu sosun üçte biri konup yayılır. Üzerine tavuk eti, onun üzerine de artan sos konup kaşar peyniri rendesi serpilir.
5. Fırında pembe olarak kızartılır.
6. Dilimlenerek sıcak olarak servis yapılır.

Not: Yumurta aklarını beze yapmada kullanınız.

MAYONEZLİ BALIK

MALZEMELER:

- 1 kg. levrek (kefal, palamut, yayın)
- 1 soğan
- 2-3 defne yaprağı
- 1 çay kaşığı tane karabiber
- Tuz

RUS SALATASI İÇİN

- 2 yumurta sarısı
- 1,5 su bardağı zeytinyağı
- 1-2 limon
- 1 çay kaşığı toz hardal
- 2 patates (haşlanmış)
- 1 havuç (haşlanmış)
- Yarım su bardağı iç bezelye (konserve)
- 10-12 küçük salatalık turşu (kornişon)

YAPILIŞI:

1. Balık temizlenir; iki üç parçaya ayrılıp, yıkanır; sıcak suya konur. Kaynayınca köpüğü alınır. Dörde bölünmüş soğan, defne yaprağı, tuz, tane karabiber ilâve edilip haşlanır. Suyunda soğutulur.
2. Balık küçük parçalara ayrılıp servis tabağına alınır. Tuz ve karabiber serpilir.
3. Rus salatası hazırlanır. (4-5 kaşık mayonez, üzerini süslemek için ayrılır.)
4. Balık eti, Rus salatası ile karıştırılır. Üzeri ayrılan mayonez ve turşu ile süslenir.

Not: Balığın haşlama suyunu "Balık çorbası" yapınız.

BALIK PİLÂKİ

MALZEMELER:

- 1 kg. balık
- Yarım su bardağı zeytinyağı
- 3 patates
- 2 havuç
- 2 soğan
- 1 kereviz
- 1 demet maydanoz
- 4-5 diş sarımsak
- 1 kaşık salça
- 2 defne yaprağı
- 2 limon
- Tuz ve karabiber

YAPILIŞI:

1. Balık temizlenip yıkanır. Dilimlenip yağlanmış tepsiye dizilir. Tuz ve karabiber serpilir.
2. Soğan yarım halka şeklinde, patates, havuç, kereviz, sarımsak ve maydanoz küçük küçük doğranır. Defne yaprağı konur.
3. Hepsi zeytinyağında kavrulur. Salça ile tuz ve karabiber ilâve edilir.
4. Balığın üzerine yayılıp 1-2 bardak su ile yavaş yavaş pişirilir. Arzu edilirse üzeri fırında kızartılır.
5. Limon dilimleri ile süslenir.

Kısa Bilgi:

1. *Taze balığın gözleri parlak ve nemli, eti sıkı, solungaçlar pembe olur.*
2. *Besin değeri yönünden, ucuz ve pahalı balık arasında fark yoktur.*

JÖLELİ SOĞUK ET

MALZEMELER:

- 2 dana dili
- 1 çay kaşığı tane karabiber
- Yarım demet maydanoz
- 1-2 dal kereviz
- 2 soğan
- 8 yaprak jelâtin
- 4-5 salatalık turşusu
- 2 katı pişmiş yumurta
- 2 havuç (haşlanmış)
- Tuz

YAPILIŞI:

1. Dil kazınıp yıkanır. Dörde bölünmüş soğan, maydanoz, kereviz, tane karabiber, tuz ve 4 bardak su konup düdüklü tencerede haşlanır. (Düdük sesi geldikten sonra yarım saat pişirilir.)
2. Soğuyunca dil soyulup ayıklanarak küçük parçalara ayrılır.
3. Dil suyu süzülür. Yıkanmış jelâtinler konup eritilir.
4. Turşu, yumurta, havuç küçük küçük doğranır. Etle karıştırılır. Buna jelâtinli et suyu ilâve edilir.
5. Kalıp ıslatılır. Hazırlanan karışım boşaltılıp buz dolabında dondurulur (3-4 saat).
6. Kalıptan çıkarmak için, kalıp ılık suya birkaç kere batırılıp servis tabağına ters çevrilir. Etrafı Rus salatası ile süslenir.

Not: Et suyunun yağsız olması lâzımdır.

BÖLÜM 4

Pilav, Makarna ve Yumurtalar

TAVUKLU BAHAR PİLAVI

MALZEMELER:

- 2 su bardağı pirinç
- 400 gr. tavuk göğüs kuşbaşı eti
- 5 çorba kaşığı sıvı yağ
- 1 çorba kaşığı çam fıstığı
- 1 çorba kaşığı kuşüzümü
- 2 adet soğan
- 1 çarliston biber
- 1'er çay kaşığı tarçın ve karabiber
- Yarım çay kaşığı yenibahar
- 1,5 çay kaşığı tuz

YAPILIŞI:

1. Pirinç ayıklanıp yıkanır. Ilık tuzlu suda 20 dakika bırakılır.
2. Tencerede sıvı yağ ısıtılır. Fıstıklar pembeleştirilip dışarı alınır.
3. Aynı yağa önce kuşbaşı etler atılıp 5 dakika kadar kavrulur.
4. Küçük doğranmış soğan ve biber ilâve edilip etler bıraktığı suyu çekip hafif pembeleşinceye kadar pişirilir. Tuz, karabiber, tarçın, yenibahar katılıp karıştırılır. Sonra etler başka bir kaba alınır.
5. Tenceredeki yağa suyundan süzülmüş pirinç ilâve edilir. Birkaç kez karıştırıldıktan sonra 3 su bardağı yağsız et suyu veya tavuk suyu konur; üzerine tavuk etleri sıralanır. Kaşığın tersi ile bastırılıp düzeltilir.
6. Kaynadıktan sonra ateş azaltılarak pirinçler suyunu çekinceye kadar pişirilir.
7. Kavrulmuş çam fıstığı ile, temizlenip yıkanmış kuşüzümü konur. Tencerenin kapağı kapalı olarak 20 dakika kadar buharı ile demlendirilir.
8. Karıştırıldıktan sonra servis yapılır.

KABUNE

MALZEMELER:

- 2 su bardağı pirinç
- 400 gr. koyun kuşbaşı et
- 5 çorba kaşığı sıvı yağ
- 2 adet soğan
- 1 çarliston biber
- Tuz, karabiber

YAPILIŞI:

1. Pirinç ayıklanıp yıkanır. Ilık tuzlu suda 20 dakika bırakılır.
2. 4 bardak su tencerede kaynatılır. Etler suya bırakılarak haşlanır. Tuz, karabiber atılır.
3. Soğuduktan sonra etler suyundan alınır ve lifleri boyunca parçalara ayrılır.
4. Soğanlar küçük doğranıp az miktar tuz ve karabiberle ovulur. Doğranmış biberle karıştırılıp tencerenin dibine yayılır.
5. Üzerine suyundan süzülmüş pirinç konur. Pirincin üzerine de didiklenmiş etler yerleştirilir.
6. Tuz, karabiber serpilir. Kaşık kaşık sıvı yağ gezdirilir. Kaşığın tersi ile bastırılıp düzeltilir. Üzerine porselen bir tabak kapatılır.
7. Tencerenin kenarından 3 bardak sıcak et suyu konur. Kaynadıktan sonra ateş azaltılarak pirinçler suyunu çekinceye kadar pişirilir.
8. 20 dakika kadar kendi buharı ile demlendirilir. Soğan, pirinç ve etler birbirine karıştırılmadan servis yapılır.

Not: Kabune'yi koyun eti yerine, tavuk göğüs eti ile de yapabilirsiniz.

İÇ PİLAV

MALZEMELER:

- 2 su bardağı pirinç (3,5 bardak et suyu)
- 2,5 çorba kaşığı margarin veya tereyağı
- 2 çorba kaşığı çam fıstığı
- 2 çorba kaşığı kuş üzümü
- 1 havuç (haşlanmış)
- Yarım su bardağı iç bezelye
- Yarım kuzu ciğeri
- Tuz ve karabiber

YAPILIŞI:

1. Pirinç ayıklanıp yıkanır. Ilık tuzlu su ile ıslatılır (30-40 dakika).
2. Az yağda fıstık pembeleştirilir. Buna çok küçük doğranmış ciğer konup kavrulur. Bezelye ve havuç ilave edilip bir kaç kere çevrilir. Tuz ve karabiber atılır.
3. Pilav tenceresinde yağ eritilir. Süzülmüş pirinç konup pirinçlerin kırılmamasına dikkat ederek karıştırılır. Sıcak et suyu, tuz ve karabiber serpilip kapak kapatılır.
4. Önce harlı ateşte, sonra orta ve en son hafif ateşte pişirilir. Pirinçler suyunu çekince ateşten alınır. 20 dakika kendi halinde dinlendirilir.
5. Pilava hazırlanan ciğer, fıstık, havuç, bezelye karışımı ile ayıklanıp yıkanmış kuş üzümü konup karıştırılır.

PERDE PİLAV

(Siirt'ten)

MALZEMELER:

- 2 su bardağı pirinç
- 1 piliç veya keklik (haşlanmış)
- 2,5 çorba kaşığı margarin veya tereyağı
- 1 çorba kaşığı çam fıstığı, 2 çorba kaşığı üzüm
- 2 çorba kaşığı badem (kabuğu haşlanarak çıkarılmış)
- 3,5 su bardağı piliç suyu, tuz ve karabiber

HAMURU İÇİN:

- 1 küçük paket margarin (yumuşak, 125 gr.)
- 2 yumurta, 1,5 çay kaşığı tuz, 2,5 su bardağı un

YAPILIŞI:

1. Pirinç ayıklanıp yıkanır, ılık tuzlu suda yarım saat bırakılır.
2. Badem ve fıstık, yağda pembeleştirilip alınır.
3. Aynı yağda süzülmüş pirinç birkaç kere çevrilir. Sıcak piliç suyu konup pişirilir (önce harlı, sonra orta, en son hafif ateşte).
4. 20 dakika kapak açılmadan demlenir. Sonra pirinçler ezilmeden karıştırılır.
5. Kavrulmuş fıstık, badem ve kuş üzümü, küçük parçalara ayrılmış piliç eti, tuz, karabiber, pilava ilâve edilir.
6. HAMURUN YAPILIŞI: 1 küçük paket margarin ile 2 yumurta ve tuz ezilir; 2,5 bardak un ile yoğrulur. Merdane ile 2-3 mm. kalınlıkta açılıp yağlanmış, yuvarlak dipli bir tencereye yerleştirilir. (Kenarlarından hamur sarkmalıdır.)
7. Hazırlanan iç pilav hamurun üzerine boşaltılıp kaşık ile bastırılarak sıkıştırılır. (Pilav sıcak olmalıdır.)
8. Sarkan hamurlar üzerine kapatılır. Orta hararetli fırında, kızartılıp servis tabağına ters çevrilir.

PİLAVLI TAS KEBABI

MALZEMELER:

- Yarım kg. koyun kuşbaşı et
- 2 kaşık yağ
- 1 soğan
- 1-2 domates veya yarım kaşık salça
- 2 su bardağı pirinç (pilav için)
- Tuz ve karabiber

YAPILIŞI:

1. Pirinç ayıklanıp yıkanır. Ilık tuzlu suda bekletilir (yarım saat).
2. Et, doğranmış soğan, yağ ile kavrulur. Domates rendelenir, etler yumuşayıncaya kadar pişirilir. (Gerekirse azar azar sıcak su konur.)
3. Et, ateşe dayanıklı bir kâseye tek tek alınır. Pilav yapılacak tencereye kâse ters çevrilir.
4. Etin yağına 3,5 bardak su konup kaynatılır ve tuz, karabiber atılır. Pilav tenceresine süzülür.
5. Süzülmüş pirinç konup karıştırılır. Kapak örtülüp önce harlı, sonra orta, en sonra hafif ateşte suyunu çekinceye kadar pişirilir. 20 dakika demlenmesi için beklenir.
6. Önce pilav karıştırılır, sonra etin üzerindeki kâse kaldırılır.

DOMATES SOSLU MAKARNA

MALZEMELER:

- 1 paket makarna
- 3 olgun domates veya 1 kaşık salça
- 1 soğan
- 2 diş sarımsak
- 4-5 dal kereviz veya maydanoz
- 1 havuç
- 2 kaşık yağ
- 1,5 kaşık un
- 2-3 bardak et suyu (su da olabilir)
- Tuz, karabiber, 1 çay kaşığı şeker

YAPILIŞI:

1. Rendelenmiş soğan yağ ile pembe kavrulur.
2. Küçük doğranmış havuç, kereviz, sarımsak konur.
3. Un ilâve edilip biraz karıştırılır.
4. Rendelenmiş domates veya salça ile 2-3 bardak et suyu veya su konup pişirilir.
5. Kaşık yardımı ile tel süzgeçten geçirilir. Tuz, karabiber ve şeker atılır.
6. Makarna bol tuzlu suda haşlanır.
7. Soğuk su ile yıkanır, süzülür.
8. Servis tabağına alınıp üzerine hazırlanan sos, sıcak olarak dökülür ve karıştırılır.
9. İstenirse üzerine kaşar rendesi serpilir.

Not: Makarnayı haşlarken, kaynar tuzlu suya 1 çorba kaşığı sıvı yağ konursa yapışmaz ve daha parlak olur.

ŞARAPLI SOS

MALZEMELER:

- 2 kaşık yağ
- 1,5 kaşık un
- 1 soğan
- 2 diş sarımsak
- 3-4 dal kereviz veya maydanoz
- 1 havuç
- 3 olgun domates veya 1 kaşık salça
- 2 bardak et suyu veya su
- Yarım bardak kırmızı şarap
- 1 çay kaşığı şeker, karabiber ve tuz

YAPILIŞI:

1. Rendelenmiş soğan yağ ile kavrulur.
2. Küçük doğranmış havuç, kereviz ve sarımsak konur.
3. Un ilâve edilip biraz karıştırılır.
4. Rendelenmiş domates veya salça, et suyu ve şarap konup pişirilir.
5. Kaşık yardımı ile tel süzgeçten geçirilir. Tuz, karabiber ve şeker atılır.

Not: Bu sos, et makarna ve haşlama sebzelerde kullanılır.

FIRINDA MAKARNA GRATEN

MALZEMELER:

- 1 paket çubuk makarna (fırında makarna için özel kalın makarna)
- 2 kaşık yağ
- 2 kaşık un
- Yarım litre süt
- 2 yumurta
- 4-5 çorba kaşığı rende kaşar

YAPILIŞI:

1. SOSU: Yağ ile un hafif pembe kavrulur. Süt konup muhallebi gibi pişirilir. Ilınınca yumurta tuz ve karabiber konup karıştırılır.
2. Tepsi yağlanır. Hazırlanan sostan biraz konup yayılır, kaşar rendesi serpilir.
3. Haşlanarak soğuk sudan geçirilmiş makarna sosun üzerine yayılır. Bastırılarak sıkıştırılır. Biraz erimiş yağ gezdirilir.
4. Geri kalan sos makarnanın üzerine dökülür. Üzerine kaşar rendesi serpilir ve fırında kızartılır.
5. Dilimlenip servis tabağına alınır.

MANTI

MALZEMELER:

- 250 gr. kıyma
- 1 soğan
- Yarım demet maydanoz
- Tuz ve karabiber

HAMURU İÇİN:

- 3 su bardağı un, 1 yumurta
- Yarım kg. yoğurt, 2 kaşık margarin
- 3 diş sarımsak
- 1 çay kaşığı kırmızı biber

YAPILIŞI:

1. Un elenir, ortasına 1 yumurta, tuz ve su ilâvesiyle sert bir hamur yoğrulur. Özleştirilip üzeri kapalı olarak dinlendirilir.
2. Hamur iki parçaya ayrılıp oklava ile 2 mm inceliğinde açılır. İki parmak genişliğinde karelere kesilir.
3. Parçaların ortasına kıymalı iç konup üçgen şeklinde kapatılıp sıkıca bastırılır.
4. Hafif yağlanmış tepsiye dizilip üzerlerine yağ sürülür. Fırında hafif pembe kızartılır.
5. Üzerine 6-7 bardak sıcak et suyu veya su konup tepsi çevrilerek pişirilir.
6. Tabağa alınıp sarımsaklı yoğurt dökülür, sonra da kırmızı biberli yağ gezdirilir.

Not: Mantı fırında kızartılmadan, kaynar suda haşlanarak da yapılabilir.

***Kısa Bilgi:** Kayserili hanımlar mantıyı bir kaşığa 40 tane gelebilecek kadar küçük yaparmış.*

PEYNİRLİ OMLET

(1 kişi için)

MALZEMELER:

- 2 yumurta
- 5-6 dal maydanoz
- 1 kibrit kutusu kadar peynir
- Yarım kibrit kutusu kadar yağ

YAPILIŞI:

1. Yıkanıp doğranmış maydanoz yaprakları ile yumurta iyice çırpılır.
2. Yağ tavada eritilir. Maydanozlu yumurta dökülüp tava sağa sola eğilir. Kızarınca ters çevrilir.
3. Omletin üzerine rendelenmiş peynir konup diğer yarısı üzerine kapatılır.

Not: Yukarıdaki omlet esas olmak üzere yumurtaya hangi malzeme katılırsa, omlet onun adını alır (patatesli, kaşarlı, sucuklu, mantarlı vs.).

Kısa Bilgi: *Yumurta, yaz mevsimi sütü, karaciğer, balık yağı, istiridye en çok "D" vitamini bulunan yiyeceklerdir. "D" vitamini kemik sağlığı için çok gereklidir.*

MENEMEN

MALZEMELER:

- 2-3 soğan
- 3-4 sivri biber
- 3-4 domates
- Yarım demet maydanoz
- 4 yumurta
- 2 kaşık yağ
- Tuz, karabiber

YAPILIŞI:

1. Soğan ve biber ince doğranıp yağla hafif kavrulur.
2. Kabuğu soyulup küçük doğranmış domates konup pişirilir.
3. Maydanoz doğranır; tuz, karabiber serpilir.
4. Çatalla çırpılmış yumurtalar ilâve edilip karıştırılır
5. Yumurtalar pişince ateşten alınır.

Not: İstenirse; yumurtalar çırpılmadan bütün olarak da pişirilebilir.

Kısa Bilgi: *Çok yemek pişirmek ve defalarca yemeği ısıtıp sofraya getirmek, doğru değildir. Çünkü beklemek ve ısınmakla yemek besin değerini kaybeder.*

YUMURTALI DOMATES DOLMASI

MALZEMELER:

- 6 kırmızı sert ve irice domates
- 6 yumurta
- 1,5 çorba kaşığı tereyağı veya margarin
- 2-3 sivri biber
- Tuz , karabiber

YAPILIŞI:

1. Domatesler yıkanıp üst kısımlarından yarım kapak kaldırılır. İçi kaşıkla boşaltılıp biraz tereyağı konur.
2. İçlerine birer yumurta kırılıp kenarlarına ince doğranmış sivri biber konur. Tuz, karabiber serpilir.
3. Fırında yumurtalar yumuşak pişinceye kadar tutulur.

Not: İstenirse yumurtaların üzerine biraz rende kaşar da serpilir.

Kısa Bilgi: *Çok ilaç almak ve az yürümek, böbrek hastalıklarına istidadı çoğaltır.*

FIRINDA SALAMLI YUMURTA

MALZEMELER:

- 6 dilim tost ekmeği
- 6 dilim salam
- 6 yumurta
- 1 paket küçük margarin (125 gr.)
- 1 şişe ketçap
- Tuz-karabiber

YAPILIŞI:

1. Ekmeklerin iki tarafına yağ sürülür.
2. Tepsiye yerleştirilip üzerlerine salam konur, birer yumurta kırılır. Tuz, karabiber serpilir.
3. Kızgın fırında yumurtalar katılaşmadan pişirilir.
4. Ketçapla servis yapılır.

Not: Yumurtaları yağda pişirip spatülle salamlı ekmeklerin üzerine koyarak da servis yapabilirsiniz.

***Kısa Bilgi:** Çocukların her gün bir yumurta yemesi gerekir. 40 yaşından sonra ancak haftada 1-2 yumurta yenmelidir.*

BÖLÜM 5

Tatlılar

TEL KADAYIF

(Sütlü)

MALZEMELER:

- 750 gr. tel kadayıf
- 4-5 su bardağı şeker
- 2 su bardağı süt
- 1,5-2 su bardağı ceviz veya fındık içi
- 1 büyük paket margarin (250 gr.)

YAPILIŞI:

1. Şeker iki bardak su ile kaynatılır. Köpükleri alınır. Koyulaşınca süt konur. Çok sulu olmamak üzere ateşten alınır. (Limon sıkılmaz.)
2. 35-40 cm. çapında tepsi yağlanır. Biraz erimiş yağ ile ovulmuş kadayıfın yarısı tepsiye yerleştirilir. Dövülmüş fındık veya ceviz içi serpilir.
3. Geri kalan kadayıf cevizin üzerine yayılır. Biraz bastırarak sıkıştırılır.
4. Kalan yağ gezdirilir. Fırında pembe olarak kızartılır.
5. Fırından çıkar çıkmaz, üzerine daha önce hazırlanan soğuk sütlü şurup dökülür. Kapak kapatılır. Ilınınca dilimlenir.

Not: İstenirse, kadayıf çay fincanına, arası cevizli olarak doldurulur. Sıkıştırılarak tepsiye ters çevrilir ve öyle pişirilir.

AŞURE

MALZEMELER:

- 3 su bardağı aşurelik buğday
- Yarım su bardağı pirinç
- Yarım su bardağı fasulye
- Yarım su bardağı nohut
- 1/4 su bardağı çekirdeksiz üzüm
- 5-6 tane incir
- 2-3 dilim portakal kabuğu
- 1 kahve fincanı gül suyu
- 1 paket vanilya
- 2-3 avuç fındık veya ceviz içi ve tarçın
- 2 çorba kaşığı hindistan cevizi rendesi
- 5-6 su bardağı şeker

YAPILIŞI:

1. Akşamdan, buğday, fasulye ve nohut ayıklanıp yıkanır. Ayrı ıslatılır.
2. Buğday, pirinç ve ince kıyılmış portakal kabuğu beraber haşlanır.
3. İyice pişirilmiş nohut ve fasulye konur. Bir müddet beraber kaynatılır.
4. Şeker konur. Sonra yıkanmış üzüm ilâve edilir.
5. Ateşten alınmadan 5-10 dakika evvel küçük doğranmış incir, gül suyu ve vanilya konur.
6. Kâselere boşaltılıp dövülmüş fındık, tarçın, hindistan cevizi ile süslenir.

Not: Aşureye, kâselere koymadan önce, haşlanıp soyulmuş kestane de konabilir.

Kısa Bilgi: *Nuhun gemisinde, erzak azalınca Aşure yapıldığı rivayet edilir.*

REVANİ

MALZEMELER:

- 6 yumurta
- 1 su bardağı un
- 1 su bardağı ve + 2 çorba kaşığı irmik
- 4,5 su bardağı şeker
- Limon kabuğu rendesi
- 2 çorba kaşığı limon suyu
- 1 çay kaşığı kabartma tozu

YAPILIŞI:

1. 4 su bardağı şeker, 4 su bardağı su ile kaynatılıp sulu bir şurup yapılır. 1 kaşık limon suyu katılır.
2. Yumurtalar ile yarım bardak şeker, limon kabuğu rendesi çırpılıp koyu yoğurt kıvamına getirilir. Limon suyu konup bir-iki kere daha çırpılır.
3. Kabartma tozu katılmış, elenmiş un ve irmik karışımı ilâve edilip karıştırılır.
4. Yağlanmış kalıba veya tepsiye boşaltılıp orta hararetli fırında pişirilir (25-35 dakika).
5. Daha büyük bir tepsiye alınıp üzerine sıcak şurup dökülür. Kapak kapatılıp hafif ateşte veya fırında çevirerek şurubu çektirilir. Böylece revani, 1,5 misli büyümüş olur.

YOĞURT TATLISI

MALZEMELER:

- 4 yumurta
- 1,5 su bardağı yoğurt
- 4,5 su bardağı şeker (1 bardak hamura; 3,5 bardak şuruba)
- 1 su bardağı un
- 1 su bardağı ve + 2 çorba kaşığı ilâve irmik
- Yarım küçük paket margarin (65 gr.)
- Yarım limon suyu
- 1 kahve kaşığı kabartma tozu

YAPILIŞI:

1. 3,5 bardak şeker 3,5 bardak su ile kaynatılır. Köpüğü alınıp 1/4 limon suyu konur.
2. Yumurta sarıları, 1 bardak şeker, yoğurt, limon kabuğu rendesi, limon suyu, elenmiş un, irmik, erimiş yağ, kabartma tozu bir kâsede karıştırılır.
3. Yumurta akları bakır bir tencerede çırpılarak kar haline getirilir. Her ikisi birbirine karıştırılır.
4. Yağlanmış tepsiye boşaltılıp orta hareretli fırında 40-50 dakika pişirilir.
5. Fırından çıkar çıkmaz şurup dökülüp kapak kapatılır. Hafif ateşte çevirerek şurup çektirilir.

Not: Başka bir terkip: 3 yumurta, 1 bardak şeker ile çırpılır. 1 bardak yoğurt, limon kabuğu rendesi, yarım limon suyu, 1 çay kaşığı kabartma tozu koyup karıştırılır. Elenmiş 2,5 bardak un ilâve edilir. Yağlanmış tepsiye boşaltılır. Orta ısılı fırında pişirilir. Üzerine hemen 4,5 bardak şeker, 4,5 bardak su ve 1/4 limon suyu ile hazırlanmış sıcak şurup dökülür ve kabarması için kapak kapatılır.

HANIM GÖBEĞİ

MALZEMELER:

- 2,5 su bardağı un
- 1 küçük paket margarin (1 parmak genişliğinde parça ayrılacak: 100 gr.)
- 4 yumurta
- 3 su bardağı şeker
- 1/4 limon suyu
- 1 tutam tuz
- 2 su bardağı zeytinyağı veya ayçiçek yağı (kızartma için)

YAPILIŞI:

1. Şeker, 3 su bardağı su ile kaynatılıp köpükleri alınır. Limon suyu ilâve edilip, biraz koyulaşınca ateşten alınır.
2. Bakır bir tencereye 2 bardak su, margarin, tuz konup kaynatılır. Elenmiş un birden ilâve edilip karıştırarak pişirilir. Tencereye yapışmayacak duruma gelince ateşten alınır. Ilınınca yumurtalar birer birer kırılır. İyice karıştırılır.
3. Ceviz büyüklüğünde parçalara ayrılır. Yağlanmış avuç arasında yuvarlanıp yassıltılır ve parmakla ortası delinir.
4. Isıtılmış yağa konur. Tava hafifçe sallanarak pembe renkte kızartılır. Fazla yağını alması için kâğıt üzerine çıkarılır.
5. Sonra şuruba atılır. Birkaç kere çevrilip 5 dakika kadar bekletilir ve tabağa alınır.

Not:

1) Hazırlanan hamur hurma şeklinde yapılabilir.
2) Tatlının içinin iyi pişmesi için yağı her sefer soğutmak gerekir.
3) Tatlının hamur olmaması için şurup soğuk, pişen hamur ise sıcak olmalıdır.

TULUMBA TATLISI

MALZEMELER:

- 2,5 su bardağı un
- 1 çorba kaşığı ince irmik
- 1 çorba kaşığı nişasta
- 5 yumurta
- 1 küçük paket margarin (1 parmak genişliğinde parça ayrılacak: 100 gr.)
- 3 su bardağı şeker
- 2 su bardağı kızartma için zeytinyağı veya ayçiçek yağı.
- 1/4 limon suyu

YAPILIŞI:

1. Şeker, 3 bardak su ile kaynatılır. Üzerinde biriken köpükler alınıp, limon suyu konur. Koyulaşınca ateşten alınır.
2. Bakır bir tencereye 2,5 bardak su, margarin, 1 tutam tuz konup kaynatılır. Elenmiş un, irmik, nişasta ilâve edilip karıştırarak pişirilir. Tencereye yapışmayacak duruma gelince ateşten alınır. Ilınınca yumurtalar birer birer kırılır. 1 kaşık da şuruptan katılıp karıştırılır.
3. Hamur, ucuna tırtıllı huni takılmış krema torbasına doldurulur. Isıtılmış yağa 4-5 cm boyunda sıkılıp iki bıçakla kesilir.
4. Tava sallanarak pembe renkte kızartılır. Fazla yağı çekmesi için kâğıt üzerine çıkarılır.
5. Sonra şuruba atılıp karıştırılır. 5 dakika sonra tabağa alınır.

ŞEKERPARE

MALZEMELER:

- 2,5 su bardağı un
- 1 küçük paket margarin (125 gr.)
- 1 çorba kaşığı pudra şekeri
- 2 su bardağı şeker (şurup için)
- 2 yumurta
- Limon kabuğu rendesi
- Yarım paket vanilya
- 1 tatlı kaşığı limon suyu
- 10 adet iç badem
- 1 kahve kaşığı kabartma tozu

YAPILIŞI:

1. Şeker, 2 su bardağı su ile kaynatılır ve köpükleri alınır. Limon suyu konup biraz koyulaşınca ateşten alınır.
2. Cam veya porselen bir kâsede yağ ile pudra şeker karıştırılarak beyazlatılır. Yumurta, limon kabuğu rendesi, vanilya, elenmiş un, kabartma tozu konup yoğrulur.
3. Ceviz büyüklüğünde parçalara bölünüp avuç içinde yuvarlanır. Hafifçe bastırılıp kabuğu çıkarılmış yarım badem yapıştırılır.
4. Yağlanmış tepsiye dizilip orta hararetli fırında pembe renkte pişirilir.
5. Sıcakken üzerine şurup dökülür. Hafif ateşte veya fırında şurup çektirilir.

Not: Hamura 1 kaşık irmik de konabilir. (Un ölçüsünü 1 kaşık azaltmalıdır.)

ETİMEK TATLISI

MALZEMELER:

- 1 paket tuzsuz etimek
- 1,5 su bardağı şeker
- 2 su bardağı sıcak su

KREMA İÇİN :

- Yarım büyük paket margarin (125 gr.)
- 6 çorba kaşığı un
- 1 su bardağı şeker
- 1 litre süt
- 1 paket vanilya

YAPILIŞI:

1. ŞURUP: 1,5 su bardağı şeker yarım bardak su ile kaynatılıp hafif karamel rengine dönünce ateşten alınıp 2 bardak sıcak su konur. Tekrar ateşe alınarak kaynatılıp kıvamlı bir şurup yapılır.
2. Etimekler cam bir kaba dizilir. Hazırlanan karamel rengindeki şurup kaşık kaşık üzerlerine dökülür.
3. KREMANIN YAPILIŞI: Yarım paket margarin ile 6 çorba kaşığı un hafif ateşte karıştırılarak sarartılır. 1 su bardağı şeker ve 1 litre sıcak süt konup karıştırarak pişirilir. Biraz sulu olarak ateşten alınır. Vanilya konur. 5-6 dakika mikserle çırpılıp etimeklerin üzerine dökülür.
4. İyice soğuyunca buzdolabında 1 gece veya 5-6 saat saklanır. Dilimlenerek servis yapılır.

UN HELVASI

MALZEMELER:

- 1 küçük paket margarin (125 gr.)
- 2 su bardağı un
- 1,5 su bardağı şeker
- 1 su bardağı süt
- 1 su bardağı su
- 1 çorba kaşığı çam fıstığı

YAPILIŞI:

1. Yağ eritilip, elenmiş un konur. Orta ateşte karıştırarak koyu pembe kavrulur. Fıstıklar konur. Bir iki kere daha çevrilir.
2. Süt, su ve şeker ilâve edilir. Karıştırarak pişirilir.
3. Tencereye yapışmayacak koyuluğa gelince kaşık kaşık alınarak tabağa yerleştirilir.

İRMİK HELVASI

MALZEMELER:

- 1,5 su bardağı irmik (orta kalınlıkta)
- 1 küçük paket margarin (125 gr.)
- 1 su bardağı şeker (ayrıca 2 çorba kaşığı demlendirme için)
- 1 çorba kaşığı çam fıstık
- 1 su bardağı süt
- 1 su bardağı su

YAPILIŞI:

1. Yağ eritilip irmik konur. Hafif ateşte pembe kavrulur. Fıstık ilâve edilir. Birkaç kere daha çevrilir.
2. Su, süt, şeker konup karıştırılır. Kapak kapatılıp hafif ateşte suyu çektirilir.
3. 15-20 dakika bekledikten sonra karıştırılıp 2 çorba kaşığı şeker serpilir. Demlenmesi için kapak kapatılır.

MURTAĞA

(Van'dan)

MALZEMELER:

- 1 küçük paket margarin (125 gr.)
- 2 su bardağı un
- 2 yumurta
- 3-4 çorba kaşığı bal

YAPILIŞI:

1. Yağ ile un hafif ateşte pembe renkte kavrulur.
2. Sıcakken içine çatalla çırpılmış yumurta dökülüp parçalamadan karıştırılır.
3. Tabağa alınıp üzerine bal gezdirilir.

Not: Murtağa, bal koymadan biraz tuz serperek kahvaltıda yenebilir.

Kısa Bilgi: *Bal, arı ve çiçeğin müşterek meydana getirdiği kıymetli bir besindir. Bir arı, yarım kilo bal için çiçeklere 37.000 kere gidip gelir. Bir günde kendi ağırlığının 10 misli nektar taşır. Balda çeşitli vitamin, mineral madde ve protein bulunur.*

HÖŞMERİM

MALZEMELER:

- Yarım kg. taze tuzsuz peynir (veya suyu süzülmüş süt kesiği)
- 2 çorba kaşığı un
- 1 su bardağı şeker

YAPILIŞI:

1. Çatalla ezilmiş peynir veya süt kesiği hafif ateşte karıştırarak eritilir.
2. Un bir tencerede ve hafif ateşte karıştırarak çok açık pembe kavrulur.
3. Erimiş peynire, kavrulmuş un, şeker ilâve edilip karıştıra karıştıra yağı çıkıncaya kadar pişirilir.
4. Ateşten alınıp 10 dakika kadar kapak kapalı olarak dinlendirilir.
5. Dilimlenerek tabağa alınır.

LOKMA

MALZEMELER:

- 3 su bardağı un
- 3 su bardağı şeker
- 1 tatlı kaşığı yaş bira mayası
- 2 çorba kaşığı margarin (erimiş)
- 1 çorba kaşığı limon suyu
- 2 su bardağı kızartma için zeytinyağı veya ayçiçek yağı
- 1 tutam tuz

YAPILIŞI:

1. Yaş bira mayası, 1 tatlı kaşığı şeker, biraz su ile ezilir. Un, erimiş margarin, tuz konur. Yavaş yavaş su ilâve edilerek ezilmiş yoğurttan daha koyu bir hamur yapılır.
2. Üzeri örtülüp ılık bir yerde iyice kabarıncaya kadar mayalandırılır.
3. Şeker 3 bardak su ile kaynatılır. Köpükleri alınıp limon suyu katılır. Koyu olmayan bir şurup yapılır.
4. Yağ bir tencerede kızdırılır. Hazırlanan hamur sol avuç ile sıkılıp yağlanmış kaşıkla fındıktan biraz büyük alınıp yağa atılır.
5. Lokmalar kızarınca delikli kepçe ile kâğıt üzerine çıkarılır (Fazla yağı emmesi için).
6. Bekletmeden soğuk şuruba atılıp 1-2 kere karıştırılır.

CEVİZLİ İZCİ TATLISI

(Hurma tatlısı)

MALZEMELER:

- 1 büyük paket margarin (yumuşak, 250 gr.)
- 2 çorba kaşığı zeytinyağı
- 2 çorba kaşığı yoğurt
- 1 yumurta
- 1 bardak çekilmiş ceviz içi (fındık da olabilir)
- 5 su bardağı un
- 1/4 limon suyu
- 3 su bardağı şeker
- 1 kahve kaşığı kabartma tozu
- 1 fiske tuz

YAPILIŞI:

1. Margarin, zeytinyağı, limon kabuğu rendesi, yoğurt, yumurta, tuz, kabartma tozu bir kapta karıştırılır.
2. Elenmiş un ve çekilmiş ceviz konup yoğrulur.
3. Cevizden küçük parçalara ayrılıp rendenin ince tarafına bastırılır, kıvırılır (hurma şekli verilir).
4. Tepsiye dizip fırında pembe renkte pişirilir. Sıcakken ılık şuruba atılır.

ŞURUBUN HAZIRLANIŞI:

3 bardak şeker, 3 bardak su ile kaynatılır. Üzerinde biriken köpükler alınır. Limon suyu katılıp biraz koyulaşınca ateşten alınır. (Şurubu hamurdan daha önce hazırlayınız.)

FIRINDA SÜTLAÇ

MALZEMELER:

- 1 litre süt
- Yarım su bardağı pirinç
- 1 su bardağı şeker
- 1 çorba kaşığı nişasta
- 2 yumurta sarısı
- Yarım paket vanilya

YAPILIŞI:

1. Pirinç yıkanıp bir bardak su ile iyice haşlanır. (Suyunu çekmelidir.)
2. Süt ve şeker konur. 10 dakika kadar pişirilir.
3. Nişasta, yumurta sarısı yarım bardaktan az su ile ezilir.
4. Kaynamakta olan sütlaçtan birkaç kaşık alıp, alıştırma yapılır.
5. Sonra sütlaca katılıp karıştırılır. Ateşten alındıktan sonra vanilya konur.
6. Ateşe dayanıklı kâselere boşaltılır. İçinde biraz su bulunan tepsiye dizilip fırında üstleri kızartılır. (Sıcaklık üstten gelmelidir.)
7. Kızarmış sütlaçların üzeri, kurumaması için bir tepsi ile örtülerek soğutulur.

Not: Sade sütlaç, yumurta kullanmadan yapılır. O zaman sütlaç fırınlanmaz; üzerine tarçın serpilir.

NEMSE BAKLAVA

MALZEMELER:

- 4,5 su bardağı un (yarım bardağı açma payı ayrılacaktır.)
- 1 büyük paket margarin (250 gr.)
- 2 yumurta (1 tanesi hamura, 1 tanesinin sarısı üzerine, akı cevize konacaktır.)
- 2 çorba kaşığı limon suyu (1 kaşık hamura, 1 kaşık şuruba konacaktır.)
- 1 çorba kaşığı zeytinyağı
- 3 su bardağı şeker
- 2 su bardağı ceviz içi veya fındık içi
- Limon kabuğu rendesi
- 1 tutam tuz

YAPILIŞI:

1. Un elenir. Ortası açılıp 1 yumurta, 1 kaşık zeytinyağı, 1 kaşık limon suyu, tuz konup karıştırılır. 1 bardaktan az su ile kulak memesi yumuşaklığında bir hamur yapılır. Özleştirilip yaş bez altında 15 dakika dinlendirilir.
2. Hamur bütün olarak 30 cm. çapında açılır. Ortasına paket margarin konup bohça gibi kapatılır.
3. Bolca unlanıp yalnız boyuna upuzun açılır; iki ucu ortaya getirilip sonra tekrar kitap gibi kapatılır. Yaş

bez altında ve serin bir yerde 20 dakika dinlendirilir.

4. Hamur yine yalnız boyuna açılıp bir önceki gibi katlanır ve tekrar yaş bez altında, serin bir yerde dinlendirilir.
5. İki defa daha aynı şekilde açılıp katlanır ve dinlendirilir. Sonra enine ve boyuna olmak üzere 3-4 mm. inceliğinde açılıp 5 cm. parçalara kesilir.
6. Hazırlanan cevizli iç konup hamur üçgen katlanır. Tepsiye dizilip yumurta sarısı sürülür. Orta hararetli fırında pişirilir. Sıcakken soğuk şurup dökülür.

Not: Hamur Dinlenirken:

1) 3 bardak şeker ile 3 bardak su kaynatılır. Köpükleri alınıp 1 çorba kaşığı limon suyu katılır. Orta kıvama gelince ateşten alınır.
2) Cevizli için hazırlanışı: Çekilmiş ceviz, 2 çorba kaşığı şeker, limon kabuğu rendesi ve 1 yumurta akı karıştırılır.

TEZ PİŞTİ

MALZEMELER:

- 1 litre süt
- 1 su bardağı şeker
- 3 çorba kaşığı pirinç unu
- 2 yumurta akı
- Yarım paket vanilya

YAPILIŞI:

1. Süt şekerle kaynatılır.
2. Yarım bardak soğuk süt ile ezilmiş pirinç unu şekerli süte karıştırılıp pişirilir. Vanilya konur.
3. Bu muhallebinin yarısı kâselere boşaltılır.
4. Geri kalanı hafif ateşte iken, iki yumurta akı çırpılır, kar haline getirilir.
5. Ateşteki muhallebi aklara ilâve edilip karıştırılır.
6. Kâselerin üzerine doldurulur. (Kâselerin ateşe dayanıklı olması gerekir.)
7. İçinde su bulunan tepsiye dizilir. Fırında üstleri kızartılır. (Isının üstten verilmesi gerekir.)

Not: Muhallebileri fırına koymadan, üzerlerine biraz pudra şekeri elerseniz daha güzel kızarır.

KAZAN DİBİ

MALZEMELER:

- 1 litre süt
- 4 çorba kaşığı pirinç unu + 3 çorba kaşığı patates nişastası (silme)
- 1,5 su bardağı toz şeker
- Yarım paket vanilya
- 3-4 çorba kaşığı pudra şeker

YAPILIŞI:

1. Süt şekerle kaynatılır.
2. Bir bardak su ile pirinç unu ve nişasta ezilip şekerli süte ilâve edilir. Karıştırarak koyu bir muhallebi pişirilir. Vanilya konur.
3. Karıştırırak soğutulur. 25-30 cm^2 bir tepsi bolca pudra şeker ile kaplanır. Ateşe tutularak yakılır. Sonra tekrar şeker elenir.
4. Muhallebi boşaltılıp yayılır. Sıcak fırında altı kızartılır.
5. Tepsi fırından çıkar çıkmaz soğuk suya batırılır. (Kazan dibinin tepsiden kolay çıkması için).
6. Soğuyunca dilimlenip pasta küreği ile alınır. Yanık taraf üste gelmek üzere tabaklara konur.

SÜTLÜ İRMİKLİ PUDİNG

MALZEMELER:

- 9 çorba kaşığı şeker
- 9 çorba kaşığı irmik
- 1 litre süt
- 1/4 küçük paket margarin (30 gr.)
- 2 çorba kaşığı hindistan cevizi rendesi
- Yarım paket vanilya

YAPILIŞI:

1. Bakır bir tencerede süt ve şeker kaynatılır.
2. İrmik serpilerek karıştırılır.
3. Kaynayıp koyulaşınca ateşten alınır.
4. 1/4 küçük paket margarin ve 1 çorba kaşığı hindistan cevizi rendesi ve vanilya katılıp karıştırılır.
5. Su veya gülsuyu ile ıslatılmış yuvarlak kalıba boşaltılır.
6. Buzdolabında 5-6 saat veya bir gece bırakılır.
7. Büyük bir tabağa ters çevrilip üzerine hindistan cevizi rendesi serpilir.

Not: Puding kalıba boşaltılırken arasına tarçınlı ceviz de konulabilir.

KREP SÜZET

MALZEMELER:

- 4 yumurta
- 1,5 su bardağı un
- Yarım litre süt
- 3-4 çorba kaşığı erimiş margarin (1 kaşık hamura 2-3 kaşık tava yağlamaya)
- Limon kabuğu rendesi
- Yarım su bardağı marmelât veya bal
- Yarım kahve kaşığı tuz

YAPILIŞI:

1. Yumurtalar, un, tuz, limon kabuğu rendesi, 1 çorba kaşığı erimiş margarin karıştırılır. Azar azar süt katarak iyice ezilir.
2. Küçük bir tava yağlanır. Bu karışımdan bir küçük kepçe konup tava sağa sola sallanarak pişirilir.
3. Pasta küreği ile veya tava hoplatarak krep ters çevrilir.
4. Arasına marmelât veya bal sürülüp ikiye veya dörde katlanır. Üzerine pudra şeker elenip servis tabağına yerleştirilir.

KREM KARAMEL

MALZEMELER:

- Yarım litre süt
- 6 yumurta
- 1 su bardağı şeker (3 çorba kaşığı karamel için ayrılır)
- Yarım paket vanilya.

YAPILIŞI:

1. 3 çorba kaşığı şeker bir fincan su ile kaynatılıp pekmez renginde karamel yapılıp kalıba boşaltılır. Kalıp hafif ısıtılarak her tarafı kaplanır.
2. Yumurtalar tel ile çırpılır. Vanilya, şeker ve süt konur. Şeker eriyinceye kadar karıştırılır.
3. Şekerli süt karamelli kalıba boşaltılıp, büyükçe bir tencereye oturtulur. Tencereye kenardan kalıbın yarısını geçecek şekilde sıcak su konur.
4. Ateş üzerinde suyu kaynatmadan ve kremayı fazla katılaştırmadan pişirilir. (Tencerenin üzerine önce bir peçeteyi sonra tencere kapağını aralık olarak örtünüz.)
5. Kalıp suyunda soğutulur. Sonra kenarlara bastırarak tabağa çevrilir.

Not:

1) Krem karameli, içinde su bulunan tepsiye koyarak fırında da pişirebilirsiniz.
2) Krem karameli birer kişilik özel kalıplarla daha kolay yapabiliriz. Yukarıdaki malzeme 6-7 küçük kalıp doldurur.

ÇİKOLATALI SOFRA KREMİ

MALZEMELER:

- 1 litre süt
- 1,5 su bardağı şeker
- 3 çorba kaşığı un
- 3 çorba kaşığı kakao
- 3 yumurta
- 1 paket vanilya
- Limon kabuğu rendesi
- 1 avuç iç fındık

YAPILIŞI:

1. Un, şeker, kakao, limon kabuğu rendesi ve yumurta sarıları bir tencerede karıştırılır. (Yumurta akları başka bakır bir tencereye ayrılır.)
2. Yavaş yavaş süt konur. Karıştırarak pişirilir. Ateşten alınıp üzerine kapak örtülür (soğumaması için).
3. Yumurta akları çırpılır, katı kar haline getirilir. Sıcak kakaolu kremadan 2-3 kepçe katılıp karıştırılır. Sonra kremanın hepsi konur.
4. Kâselere boşaltılıp makinadan çekilmiş fındıkla süslenir.

Not: Kremayı, yumurtanın sarı ve aklarını ayırmadan daha kolay yapabilirsiniz. Ancak yukarıda anlatılan tarif, daha hafif ve BEREKETLİ olur.

KREMALI ELMA

MALZEMELER:

- 8 elma
- 1,5 su bardağı şeker (yarısı elmalar, yarısı krema için)
- 1 yumurta
- 1 çorba kaşığı nişasta
- Yarım litre süt
- 1 avuç fındık (dövülmüş)
- 2 çay kaşığı tarçın
- Yarım paket vanilya

YAPILIŞI:

1. Elmaların ortaları bütün iken elma oyacağı ile çıkarılır, soyulup yıkanır.
2. Yarım bardak su ile şekerin yarısı elmalara konup kaynatılır. Suyu koyulaşınca elmalar kâselere alınır. Ortalarına fındık, tarçın doldurulur.
3. Bakır bir tencereye 1 yumurta, şekerin diğer yarısı, nişasta konup süt ile ezilir. Sütün tamamı ilâve edilip karıştırarak pişirilir.
4. Karıştırarak soğutulur. Vanilya konur. Elmaların üzerine dökülür.

Kısa Bilgi: *Bir elma, ortalama 65 kalori verir.*

TÜRBANLI ELMA

MALZEMELER:

- 8 elma
- 1,5 su bardağı şeker
- 3-4 yumurta akı
- 1 avuç fındık içi (dövülmüş)
- 1 kahve kaşığı tarçın ve yenibahar
- 1 çorba kaşığı çekirdeksiz üzüm
- Yarım paket vanilya

YAPILIŞI:

1. Elmalar, bütün iken ortaları (elma oyacağı ile) çıkarılır. Soyulup yıkanır.
2. Bir bardak su ve 1,5 bardak şeker ile elmalar pişirilir.
3. Şurup koyulaşınca elmalar süzülerek bir tepsiye alınır.
4. Ortalarına fındık, üzüm, tarçın, yenibahar, vanilya karışımı doldurulur.
5. Yumurta akları bakır bir tencerede çırpılıp kar haline getirilir. Kaynar elma şurubu dökülüp hızla karıştırılır.
6. Bu krema, krema pompasına doldurularak elmaların üzerine türban gibi sıkılır. (Kaşıkla da konabilir.)
7. Hafif hararetli fırında pembe renkte kızartılır.

Kısa Bilgi: *Elma sindirim sisteminin iyi çalışmasında, cildin sağlıklı ve güzel olmasında çok etkilidir.*

KREM BAVARUVA

MALZEMELER:

- 6 yumurta
- 1,5 su bardağı şeker
- 1 çorba kaşığı un
- 8 adet jelatin
- 1 litre süt
- 1 paket vanilya
- 1 çorba kaşığı yeşil fıstık
- 2-3 elma
- 3-4 muz
- 2 mandalina ve portakal

YAPILIŞI:

1. Bakır bir tencerede, yumurta sarıları, şeker, un karıştırılır. Süt ilâve edilerek pişirilir. Ateşten alınıp yıkanmış jelâtinler konur ve karıştırılır. (Soğumaması için üzerine kapak örtülür.)
2. Yumurta akları bakır bir tencerede çırpılıp katı kar haline getirilir.
3. Sıcak kremadan 2-3 kepçe konup karıştırılır. Sonra kremanın hepsi katılır.
4. Krema soğuyunca küçük küçük doğranmış meyveler ilâve edilir.
5. Hafif yağlanmış kalıba boşaltılır.
6. Buz dolabında dondurulur (4-5 saat).
7. Kalıp ılık suya bastırılıp servis tabağına ters çevrilir. Üzerine dövülmüş yeşil fıstık serpilir.

Not:

1) Mevsimine göre çilek, kayısı, kiraz, şeftali gibi meyveler de kullanılır.
2) İstenirse krem bavaruvanın üzerine kayısı marmelatı dökülür.

ÇİKOLATALI KREM JÖLE

MALZEMELER:

- 6 yumurta
- 1,5 su bardağı şeker
- 1 çorba kaşığı un
- 8 yaprak jelâtin
- 1 litre süt
- 1-2 çorba kaşığı kakao
- Yarım su bardağı iç fındık (çekilmiş)
- 1 paket vanilya

YAPILIŞI:

1. Bakır bir tencereye yumurta sarıları, şeker, un konur. Yavaş yavaş süt ilâve edilip karıştırarak pişirilir.
2. Ateşten alınıp, yıkanmış jelâtin konur ve eritilir. Soğumaması için kapak kapatılır.
3. Yumurta akları bakır bir tencerede çırpılıp katı kar haline getirilir.
4. Sıcak kremadan 2-3 kepçe konup hızlı karıştırılır. Sonra kremanın hepsi konur. Çekilmiş fındık karıştırılır.
5. Hafif yağlanmış kalıba bu kremanın yarısı konup donmak üzere buz dolabına konur.
6. Tencerede kalan kremaya elenmiş kakao karıştırılır. Kalıbın üzeri kakaolu krema ile doldurulur ve buz dolabında tekrar dondurulur.
7. Kalıp ılık suya batırılıp servis tabağına ters çevrilir.

Not: Çikolatalı krem jöle (yalnız kakaolu olarak) tek renkli de yapılabilir.

FINDIKLI PUDİNG

MALZEMELER:

- 6 yumurta
- 1 küçük paket margarin + 1 parmak ilâve (150 gr.)
- 1 su bardağından 1 parmak eksik pudra şeker
- 1 su bardağı fındık içi
- 1 su bardağı galeta unu
- 1 limon kabuğu rendesi
- 1 çorba kaşığı limon suyu
- 1 paket vanilya

YAPILIŞI:

1. Kalıp parşömen kâğıdı ile kaplanır, yağlanır, galeta unu serpilir.
2. Porselen bir kâsede yağ ile pudra şeker krem haline gelinceye kadar karıştırılır. Yumurta sarıları birer, birer ilâve edilir.
3. Bakır bir tencerede yumurta akları çırpılıp katı kar haline getirilir.
4. Şekerli yağın içine, yumurta akları makinadan geçirilmiş fındık, galeta unu, limon kabuğu rendesi, limon suyu, vanilya konup karıştırılır. Hazırlanan kalıba boşaltılır.
5. Kalıp daha büyük bir tencereye oturtulur. Tencereye (kalıbın yarısına gelecek şekilde) kenardan soğuk su konur.
6. Buharı çekmesi için tencerenin üzerine önce bir peçete konur, sonra tencerenin kapağı aralık kapatılıp ocakta kaynatılır. Kaynamasından itibaren 1,5 saat pişirilir. (Kaynama yavaş yavaş olmalıdır.)
7. Soğuyunca kalıp tabağa ters çevrilir. Parşömen kâğıdı alınır. İstenirse üzerine çikolatalı sos dökülür.

ÇİKOLATALI SOS

MALZEMELER:

- 1 çorba kaşığı patates nişastası
- 1 su bardağı şeker
- 2 yumurta sarısı
- 2-3 çorba kaşığı kakao
- Yarım paket vanilya
- Yarım kahve fincanı muz veya portakal likörü
- 2,5 bardak süt

YAPILIŞI:

1. Tencereye, şeker yumurta sarıları, nişasta, kakao konup biraz sütle ezilir.
2. Sütun tamamı konarak karıştıra karıştıra pişirilir.
3. Yine karıştırarak soğutulur. İçine vanilya ve likör katılır.

Not: İkramınızdan arta kalan kek ve şuale kremin üzerine çikolatalı sos dökerek güzel bir tatlı yapabilirsiniz.

KABAK TATLISI

MALZEMELER:

- 2 kg. bal kabağı
- 2,5 su bardağı şeker
- 4-5 tane karanfil
- 1 su bardağı ceviz veya fındık içi

YAPILIŞI:

1. Kabak dilimlenip soyulur, çekirdekleri çıkarılıp iki parmak genişliğinde doğranır, yıkanır.
2. Tencereye bir kat kabak, bir kat şeker dizilip bir gece veya 4-5 saat ağzı kapalı bekletilir. Birkaç tane karanfil atılır.
3. Orta ateşte pişirilir.
4. Şurubun koyulaşması için biraz da kapak açık olarak kaynatılır.
5. Servis tabağına alınıp dövülmüş ceviz içi serpilir.

Kısa Bilgi: *Kabakta, vücutta (A) vitaminine dönüşen "karoten" bol miktarda bulunur. "A" vitamini, güzellik vitaminidir. Cildi yumuşatır, tazelik verir. Gözler pırıl pırıl parlar. Mikroplu hastalıklara karşı vücudun direncini artırır.*

LİMON PELTESİ

MALZEMELER:

- 4 limon
- 2 su bardağı şeker
- 7 su bardağı su (1 bardağı ile nişasta ezilir.)
- 3-4 çorba kaşığı patates nişastası

YAPILIŞI:

1. Limonlar yıkanıp ince rendelenir. Limon kabukları iki kaşık şekerle ovulup 1 su bardağı su konur, karıştırılıp süzülür. Bu suya nişasta ve limon suyu da katılır.
2. 6 bardak su ile şeker kaynatılır. İçine nişastalı limon suyu konup karıştırılır. Kaynayıp koyulaşınca ateşten alınır.
3. Kâselere boşaltılır.

Not:

1) Vişne, çilek ve portakal suları ile aynı şekilde pelte yapılabilir.
2) İstenirse kâselere boşaltılırken birkaç meyve de katılabilir.
3) Reçellerin artmış suları pelte yapılarak değerlenebilir.

Kısa Bilgi: *Limon mide ifrazını artırdığından nişastalı gıdaların sindirilmesine yardım eder. Ayrıca soğuğa karşı etkin bir ilâç gibidir.*

PORTAKAL JÖLESİ

MALZEMELER:

- 10 bardak portakal suyu
- 2,5 su bardağı şeker
- 2,5 su bardağı su
- 15 yaprak jelâtin

YAPILIŞI:

1. 3-4 portakal rendelenir. 3 kaşık şekerle ovulup 2,5 bardak su konur; karıştırılır ve süzülür. Şekerin geri kalanı ilave edilip bir taşım kaynatılır; üzerinde biriken köpük alınır. Ateşten çekilir.
2. Yıkanıp küçük parçalara ayrılmış jelâtin ve portakal suyu konup karıştırılır.
3. Kâselere boşaltılır veya istenen pastalarda kullanılır.

Not:

1) Diğer meyvelerin jöleleri de aynı şekilde yapılır.
2) İstenirse kâselere birkaç dilim meyve de konabilir.

MEYVE SALATASI

MALZEMELER:

- Yarım kutu şeftali konserve
- 7 muz
- 3-4 elma
- 2 portakal
- 2-3 mandalin
- 1 su bardağı çekirdeksiz üzüm (taze)
- 1 paket vanilya
- Yarım su bardağı pudra şeker
- 4 çorba kaşığı muz likörü
- 2 çorba kaşığı vermut
- 150 gr. krem şanti (hazırlanmış)
- 2 çorba kaşığı iç yeşil fıstık

YAPILIŞI:

1. Meyveler yıkanıp soyulur ve küçük küçük doğranır, karıştırılır.
2. Cam kâseye, bir kat meyve, bir kat pudra şeker konarak yerleştirilir.
3. Üzerine vermut ve likör karışımı gezdirilir. Buz dolabında soğutulur.
4. İkram edileceği zaman üzerine krem şanti sıkılır, kavrulmuş yeşil fıstık serpilir.

Kısa Bilgi: *Şeftali, yararlılık bakımından meyveler arasında ikinci sırayı alır, birincisi üzümdür.*

KESTANE PÜRESİ

MALZEMELER:

- Yarım kg. kestane
- 1 su bardağı şeker
- 1 su bardağı süt
- 1 paket vanilya

YAPILIŞI:

1. Kestanelerin dış kabukları soyulup sıcak su ile ateşe konur.
2. İç kabukları çıkmaya başlayınca ateşten alınıp soyulur.
3. Tekrar su konup ezilinceye kadar kaynatılır.
4. Püre makinasından geçirilir. Şeker ve azar azar süt konarak pişirilir.
5. Tatlı olarak kullanılacağı zaman üzerine krem şanti ve kavrulmuş yeşil fıstıkla süs yapılır.

Not: Kestane püresi, pastalarda krema gibi de kullanılır.

BÖLÜM 6

Kek, Pasta, Tatlı ve Tuzlu Bisküviler Börek-Çörek ve Kanepeler

KEK VE PASTA YAPARKEN

1. Önce yapacağınız kek veya pastayı okuyarak iyi öğreniniz.
2. Malzemeleri tam olarak ölçüp hazırlayınız.
3. Kalıbınızı, yapacağınız pastaya göre seçip yağlayınız. (Yağı eritmeden yumuşak kullanınız.)
4. Yumurtaları daima bakır bir kapta çırpınız. (Aliminyum, yumurtanın rengini bozar. Cam veya çelik kap da kullanılabilir.)
5. Unu muhakkak 1 veya 2 kere eleyiniz. (Hem pürüzsüz olur hem daha iyi kabarır.)
6. Kek ve pastanıza un koymadan 1 çorba kaşığı limon suyu koyarsanız hem iyi kabarır hem de hafif ve güzel kokulu olur.
7. Elektrikli çırpacağınız yoksa, yumurta sarıları ile aklarını dikkatle ayırınız.
   a. Önce yumurta sarılarını şekerle porselen veya bir cam kapta karıştırınız (şeker eriyinceye kadar).
   b. Yumurta aklarını bakır bir kapta yalnız olarak çırparak katı kar haline getiriniz.
   c. Kar halindeki aklara, şekerli sarıları katıp biraz çırpınız. Sonra limon suyunu ve elenmiş unu koyunuz.
8. Un koyunca çırpmadan kaşıkla hafifçe karıştırınız.
9. Pastanızı yapmaya başlamadan fırınınızı ısıtınız.
10. Gaz fırınında, pastanızı tepsi içinde, fırının üst tarafına koyunuz, sıcaklığı ortaya getirip alttan veriniz. 30-40 dakika sonra gerekiyorsa üzerinin kızarması için sıcaklığı çok az olarak üstten veriniz. (Fırınınızın özelliğini iyi tanıyınız.) 1-2 dakika sonra alınız.
11. Elektrikli fırında ise, önce fırını alt ve üst ısıtınız. Pastayı tepsi içinde alta koyunuz. Üst sıcaklığı kesip yalnız ısıyı alttan veriniz. (Kabartması için) 20-25 dakika sonra üstten de ısı verebilirsiniz. (Elektrikli fırın ısısı ayarlanamadığı için çok dikkatli olunuz ve fırınınızın özelliğini iyi tanıyınız).

SADE KEK

MALZEMELER:

- 6 yumurta
- 1,1/4 su bardağı şeker (1,5 bardaktan az)
- 2,5 su bardağı un
- 1 çorba kaşığı limon suyu
- Limon kabuğu rendesi
- Vanilya

YAPILIŞI:

1. Kalıp yağlanır. Fırın yakılır.
2. Bakır bir kapta şeker ile yumurta çırpılıp koyu yoğurt kıvamına getirilir.
3. Limon kabuğu rendesi, vanilya, limon suyu konup 1-2 kere daha çırpılır.
4. Elenmiş un ilâve edilir. Çırpmadan karıştırılır. Kalıba boşaltılıp 35-40 dakika orta hararetli fırında pişirilir.
5. Ilınınca kalıptan çıkarılır ve dilimlenir.

Not: Kek, limon suyu ve limon kabuğu yerine portakal ve greyfurt ile de yapılabilir.

ÜZÜMLÜ KEK

MALZEMELER:

- 5 yumurta
- 1 su bardağı şeker
- 2 su bardağı un
- 1 çorba kaşığı limon suyu, limon kabuğu rendesi
- 2 çorba kaşığı çekirdeksiz üzüm
- Vanilya

YAPILIŞI:

1. Kalıp yağlanıp unlanır. Fırın yakılır. Üzüm ayıklanıp yıkanır, kurulanır.
2. Bakır bir tencerede yumurtalar ile şeker çırpılır, koyu yoğurt kıvamına getirilir. (Yumurta telini kaldırdığınız zaman düşen damlalar bir an kaybolmamalıdır.)
3. Limon suyu, limon kabuğu rendesi, vanilya konup 1-2 defa daha çırpılır.
4. Elenmiş un konup kaşıkla hafifçe karıştırılır. Üzümler ilâve edilir. Hazırlanan kalıba boşaltılıp orta hararetli fırında 35-40 dakika pişirilir.
5. Ilınınca kalıptan çıkarılır ve dilimlenir.

Not:

1) Fırın sıcaklığı orta olmalı, sıcaklık alttan verilmelidir. Son dakikalar üzerinin kızarması için sıcaklık üstten de verilebilir.
2) Kalıp, tepsi içinde ve fırının üst taraflarına konmalıdır.

KAKAOLU KEK

MALZEMELER:

- 5 yumurta
- 1 su bardağı şeker
- 1 su bardağı + 3 çorba kaşığı ilâve un
- 1-2 çorba kaşığı kakao
- 1 çorba kaşığı limon suyu
- Limon kabuğu rendesi
- Yarım paket vanilya

YAPILIŞI:

1. Kalıp yağlanıp unlanır. Fırın yakılır.
2. Yumurtalar bakır bir tencerede şekerle birlikte koyu yoğurt kıvamına gelinceye kadar çırpılır.
3. Limon kabuğu rendesi, vanilya, limon suyu katılıp 1-2 defa çırpılır.
4. Elenmiş un konup kaşıkla karıştırılır. Yarısı kalıba boşaltılır.
5. Tencerede kalana kakao elenir. Karıştırılıp kalıba ilâve edilir.
6. Orta hararetli fırında 35-40 dakika pişirilir.

Not: Fırından çıktıktan sonra ılınınca kalıptan çıkarılır. Pudra şeker elenir ve dilimlenir.

DÜDÜKLÜ TENCERE KEKİ

MALZEMELER:

- 4 yumurta
- 1 su bardağı toz şeker
- 1 su bardağı + 1 çorba kaşığı ilâve un
- 1 çorba kaşığı pirinç unu
- 1 çorba kaşığı kakao
- 1 paket kabartma tozu
- 1 fiske tuz
- Limon kabuğu rendesi

YAPILIŞI:

1. Düdüklü tencere yağlanıp unlanır.
2. Un, pirinç unu, kakao, kabartma tozu, bir fiske tuz karıştırıp elenir.
3. Yumurtalar, şeker, limon kabuğu rendesi aliminyum olmayan bir tencerede çırpılıp iyice koyulaştırılır.
4. Un karışımı konup hafifçe karıştırılır, düdüklü tencereye boşaltılır. Kapak kapatılır. (Düdük kapatılmaz.)
5. En küçük ocakta, en kısık ateşte kapak açılmadan 45 dakika pişirilir. Ateş kapatıldıktan sonra 5 dakika dinlendirilir. Sonra kapak açılır.

TAZE MEYVELİ KEK

MALZEMELER:

- 3 yumurta
- 6 çorba kaşığı sıvı yağ
- 9 çorba kaşığı süt
- 12 çorba kaşığı toz şeker
- 15 çorba kaşığı un
- 2 çay kaşığı kabartma tozu
- Yarım limon suyu
- 1-1,5 su bardağı çekirdeği çıkarılmış vişne veya küçük doğranmış kayısı, şeftali

YAPILIŞI:

1. Kalıbın alt tarafına parşömen kâğıdı yayılır ve hertarafı yağlanır, unlanır.
2. Şekerle yumurta iyice çırpılır.
3. Yağ ve limon suyu ilâve edilir, karıştırılır.
4. Süt konur, daha sonra da kabartma tozu ile elenmiş un ilâve edilip çırpmadan karıştırılır.
5. Kalıba boşaltılıp üzerine hazırlanan meyveler yerleştirilir. Orta hararetli fırının üst tarafına konarak 35-40 dakika pişirilir.
6. Fırından çıkarılıp sıcakken üzerine sosu kaşık kaşık dökülür. Soğuyunca kalıptan çıkarılır.

SOS İÇİN MALZEMELER:

- Yarım su bardağı toz şeker
- Yarım su bardağı erimiş margarin veya tereyağı
- 2 Limon suyu
- Yarım paket vanilya

YAPILIŞI:

Erimiş yağ, şeker, limon suyu ve vanilya karıştırılıp, çırpılır.

YAĞLI KEK

MALZEMELER:

- 5 yumurta
- 1 su bardağı pudra şeker
- 2 su bardağı un
- 2-3 çorba kaşığı çekirdeksiz üzüm
- 2-3 adet meyve şekerlemesi (kiraz, portakal, incir vs.)
- 1 küçük paket margarin (125 gr.)
- 1 çorba kaşığı iç yeşil fıstık
- Yarım paket vanilya
- Limon kabuğu rendesi
- 1 çay kaşığı kabartma tozu
- 1 çorba kaşığı limon suyu

YAPILIŞI:

1. Kek kalıbı parşömen kâğıdı ile kaplanır. Fırın yakılır.
2. Yağ ile pudra şeker porselen veya cam bir kasede karıştırılıp krem haline getirilir. Buna birer birer yumurta sarıları katılır.
3. Yumurta akları bakır bir tencerede çırpılıp kar haline getirilir. Şekerli yağ ile karıştırılmış yumurta sarıları, kabartma tozu karıştırılarak elenmiş un, küçük doğranmış meyve şekerlemeleri, fıstık, üzüm, limon kabuğu rendesi, limon suyu birbirine katılıp dikkatle karıştırılır.
4. Hazırlanan kalıba boşaltılır. Orta sıcaklıktaki fırında 40-45 dakika pişirilir.

Not: Kekin ortasının çatlaması makbuldür.

GAZOZLU KEK

MALZEMELER:

- 1 gazoz (meyveli)
- 5 yumurta
- 2 su bardağı şeker
- 3 su bardağı un
- Yarım paket vanilya
- Limon kabuğu rendesi

YAPILIŞI:

1. Kalıp yağlanır, unlanır, fırın yakılır.
2. Bakır bir tencerede yumurtalar ile şeker koyu yoğurt kıvamına gelinceye kadar çırpılır.
3. Limon kabuğu rendesi, vanilya, elenmiş un ve bir şişe gazoz konup yavaşça karıştırılır.
4. Kalıba boşaltılıp orta ısılı fırında 35-40 dakika pişirilir.

1 - 2 - 3 - 4 KEKİ

MALZEMELER:

- 1 su bardağı süt veya yoğurt
- 2 su bardağı şeker
- 3 su bardağı un
- 4 yumurta
- 1 küçük paket margarin (125 gr.)
- 1 kahve kaşığı kabartma tozu
- Limon kabuğu rendesi
- Vanilya
- 1 çorba kaşığı limon suyu

YAPILIŞI:

1. Kalıp yağlanıp unlanır, fırın yakılır.
2. Şekerle yumurtalar çırpılır. Yoğurt ve erimiş yağ ilâve edilip karıştırılır.
3. Kabartma tozu ile elenmiş un, limon kabuğu rendesi, vanilya, limon suyu katılır. Karıştırılıp kalıba boşaltılır.
4. Orta ısılı fırında 35-40 dakika pişirilir.

Not:

1) İstenirse kek hamuruna 3-4 çorba kaşığı çekilmiş fındık ve 3-4 çay kaşığı mahlep katılabilir. Daha nefis ve güzel kokulu olur.
2) Kalıp 35-40 cm. çapında olmalıdır.

PORTAKALLI KEK

MALZEMELER:

- 3 yumurta
- 7 çorba kaşığı şeker
- 7 çorba kaşığı un
- 1 çay kaşığı kabartma tozu
- 1 portakal kabuğu ve suyu

ŞURUBU İÇİN:

- 1 portakal kabuğu rendesi
- 2 portakal suyu
- 4-5 çorba kaşığı şeker

YAPILIŞI:

1. Kalıp yağlanır, unlanır. Fırın yakılır.
2. Üç yumurta ile 7 çorba kaşığı şeker ve portakal kabuğu rendesi, koyu yoğurt kıvamına gelinceye kadar çırpılır.
3. İçine portakal suyu ve kabartma tozu ile elenmiş un konup karıştırılır.
4. Kalıba boşaltılıp orta hararetli fırında 30-40 dakika pişirilir. Soğuyunca kalıptan çıkarılır, tabağa alınır.
5. Portakal kabuğu rendesi ve iki portakal suyu ile 4-5 çorba kaşığı şeker bir taşım kaynatılıp soğumuş kekin üzerine gezdirilerek dökülür.

ELMA PÜRELİ KEK

MALZEMELER:

- 2 yumurta
- 1,5 su bardağı şeker
- 2 su bardağı un
- Yarım su bardağı erimiş margarin
- 1,5 su bardağı elma püresi (rendelenmiş)
- Yarım su bardağı çekirdeksiz üzüm
- Yarım su bardağı çekilmiş fındık veya ceviz içi
- 1 çorba kaşığı kakao
- 1,5 çay kaşığı tarçın
- 1/4 çay kaşığı dövülmüş karanfil
- 1/4 çay kaşığı yenibahar
- Yarım çay kaşığı tuz
- 1,5 çay kaşığı kabartma tozu

YAPILIŞI:

1. 25 cm. çapında tepsi yağlanır, unlanır. Fırın yakılır.
2. Un, kakao, tuz, tarçın, karanfil, yenibahar, kabartma tozu karıştırılıp elenir. İçine, çekilmiş fındık veya ceviz içi, üzüm konur.
3. Büyük bir kâsede yağla şeker karıştırılır. Yumurtalar birer birer konur.
4. Un karışımı, elma püresi ilâve edilerek karıştırılır. Kalıba boşaltılır.
5. Orta ısılı fırında 40-45 dakika pişirilir.

MEYVELİ YILBAŞI KEKİ

(3 hafta buzdolabında saklanabilir.)

MALZEMELER:

- Yarım su bardağı ayva reçeli (tanesi)
- Yarım su bardağı portakal kabuğu reçeli (küçük doğranmış)
- 1 su bardağı çekirdeksiz üzüm
- 1 su bardağı jöle şeker (küçük doğranmış)
- Yarım su bardağı incir (küçük doğranmış)
- 1 su bardağı ceviz içi (doğranmış)
- 1 su bardağı kuru kayısı (küçük doğranmış)
- 1 tatlı kaşığı kabartma tozu
- Yarım çay kaşığı tuz
- 1 su bardağı margarin (erimiş)
- 1 su bardağı şeker
- 2,5 su bardağı un
- 5 yumurta
- 2 çorba kaşığı limon suyu
- 2 tatlı kaşığı limon kabuğu rendesi

YAPILIŞI:

1. Kek kalıbı yağlanır ve unlanır. Fırın yakılır. (Kalıp parşömen kâğıdı ile de kaplanır.)
2. Üzüm ve kayısıların üzerine bir su bardağı kaynar su dökülüp 5 dakika bekletilir. Temiz bir bez ile kurulanır.

3. Üzüm ve kayısılara, doğranmış ceviz, incir, jöle, şeker, ayva ve portakal kabuğu reçeli, limon kabuğu rendesi ilâve edilip karıştırılır.
4. Un ile kabartma tozu karıştırılıp elenir.
5. Porselen bir kâsede yağ ile şeker iyice çırpılır. Yumurtalar tek tek ilâve edilip karıştırılır. Limon suyu katılır.
6. Yumurtalı yağa, meyve karışımı ve un konup karıştırılır. (3-4-5 nolu işlemler birbirine katılır.)
7. Hazırlanan kalıba boşaltılıp orta hararetli fırında 1 saat 45 dakika pişirilir.

SÜTLÜ-KAKAOLU KEK

MALZEMELER:

- 2 yumurta
- 1,5 su bardağı toz şeker
- 2,5 su bardağı un
- 1 dolu çorba kaşığı kakao
- 4/5 paket margarin (yaklaşık 200 gr.)
- 1, 1/4 su bardağı süt (1,5 su bardağından az)
- 2 çay kaşığı kabartma tozu
- Yarım çay kaşığı tuz

YAPILIŞI:

1. Kek kalıbı yağlanıp unlanır.
2. 2,5 bardak un, 1 kaşık kakao, tuz, kabartma tozu, vanilya karıştırılıp elenir.
3. 200 gr. yumuşak margarin, 1,5 bardak şekerle karıştırılıp krem haline getirilir. 2 yumurta birer birer karıştırarak ilâve edilir.
4. 1,5 bardaktan az süt konur; 1-2 kere karıştırılır. Daha sonra kakao, tuz, kabartma tozu ve vanilya karıştırılmış un ilâve edilir. Yavaşça karıştırılıp yağlanmış kalıba boşaltılır.
5. Orta ısılı fırında 35-40 dakika pişirilir. Soğuyunca kalıptan çıkarılıp vanilyalı pudra şeker elenir.

Not: İstenirse kakaoya yarım çorba kaşığı dövülmüş Nescafe de ilâve edilebilir.

TARÇINLI KARANFİLLİ KEK

(Köşk'ten)

MALZEMELER:

- 6 yumurta
- 6 kahve fincanı şeker
- 6 kahve fincanı un
- 1 kahve fincanı kakao
- 1 küçük paket margarin (125 gr.)
- Yarım kahve kaşığı dövülmüş karanfil
- 1 kahve kaşığı tarçın
- 1 kahve kaşığı limon suyu ve rendesi
- 1 kahve kaşığı kabartma tozu

YAPILIŞI:

1. Kalıp yağlanır, unlanır. Fırın yakılır.
2. Bakır bir tencerede yumurtalar ile şeker koyu yoğurt kıvamına gelinceye kadar çırpılır. Limon suyu ve limon kabuğu rendesi ilâve edilir.
3. Elenmiş un, kakao, karanfil, tarçın, kabartma tozu, erimiş yağ konup çırpmadan karıştırılır. Kalıba boşaltılır.
4. Orta ısılı fırında 35-40 dakika pişirilir.
5. Soğuyunca kalıptan çıkarılır. Üzerine vanilyalı pudra şeker elenir.

LİKÖRLÜ KEK

MALZEMELER:

- 1 su bardağı süt
- 1 büyük paket margarin (erimiş, 250 gr.)
- 2 su bardağı şeker
- 2,5 su bardağı un
- 2-3 çorba kaşığı kakao
- 2 çorba kaşığı likör (muz, portakal veya mandalina)
- 4 yumurta
- 1 kahve kaşığı kabartma tozu
- Yarım paket vanilya

YAPILIŞI:

1. Kalıp yağlanır unlanır. Fırın yakılır.
2. Erimiş yağ, 1,5 bardak şeker, kakao, likör, vanilya iyice karıştırılır. Yavaş yavaş süt katılır. Bu karışımdan bir su bardağı ayrılır.
3. Geri kalana 4 yumurta, yarım su bardağı şeker ilâve edilir. Biraz çırpılıp kabartma tozu ile elenmiş un konup karıştırılır. Kalıba boşaltılıp fırında pişirilir. (25-30 dakika).
4. Fırından çıktıktan sonra sıcakken üzerine, ayrılan 1 bardak karışım krema gibi sürülür.

PEYNİRLİ KEK

MALZEMELER:

- 3 yumurta
- 1 su bardağı yoğurt
- 1 su bardağı margarin-zeytinyağı karışımı
- 3,5 su bardağı un
- 1,5 çay kaşığı kabartma tozu
- 150 gr. sert beyaz peynir (4-5 kibrit kutusu kadar)
- 1 demet dereotu
- 1 çay kaşığı çörek otu
- 2,5 çay kaşığı tuz

YAPILIŞI:

1. 35-40 cm. çapında kalıp yağlanır, unlanır. Fırın ısıtılır.
2. Bir tencerede yumurta, yağ, yoğurt karıştırılır. Bu karışımdan 2 kaşık, üzerine sürmek için ayrılır.
3. Kabartma tozu ile elenmiş un, rendelenmiş peynir, kıyılmış dereotu, tuz konup iyice karıştırılır.
4. Tepsiye boşaltılıp düzeltilir. Üzerine, ayrılan yağlı yumurta sürülür. Çörek otu serpilip orta hararetli fırında pişirilir (30-40 dakika).
5. Ilınınca, dilimlenip tabağa alınır.

ZEYTİNLİ EKMEK

(Kıbrıs'tan)

MALZEMELER:

- 4 yumurta
- 1 su bardağının 3/4'ü zeytinyağı (zeytinyağı, yarıdan çok)
- Yarım bardak yoğurt
- 1 su bardağı zeytin (çekirdeği çıkmış ve doğranmış)
- 3 su bardağı un
- 1 kahve kaşığı tuz
- 1 kahve kaşığı kuru nane
- 1 kahve kaşığı kabartma tozu
- Yarım limon suyu

YAPILIŞI:

1. Kalıp yağlanır unlanır. Fırın yakılır.
2. Bir tencereye yumurtalar, yoğurt, zeytinyağı, limon suyu, tuz, nane konup karıştırılır.
3. Kabartma tozu ile elenmiş un ve ayıklanmış zeytin ilâve edilir. Hazırlanan kalıba boşaltılır.
4. Orta hararetli fırında 35-40 dakika pişirilir.
5. Ilınınca, dilimlenip tabağa alınır.

Not: Zeytinli ekmeğe kuru nane yerine kekik de koyabilirsiniz.

MARMELATLI PRATİK RULO PASTA

MALZEMELER:

- 1,5 su bardağı şeker
- 3 yumurta
- 2 su bardağı + 2 çorba kaşığı ilâve un
- Yarım küçük paket margarin (65 gr.)
- 1 su bardağından 2 parmak eksik yoğurt
- Limon kabuğu rendesi
- 1 kahve kaşığı kabartma tozu
- 1 çorba kaşığı limon suyu
- 6 çorba kaşığı marmelat

YAPILIŞI:

1. Fırın tepsisine parşömen kâğıdı yayılır, yağlanır, unlanır. Fırın yakılır.
2. Kabartma tozu karıştırılmış un elenir. Yağ eritilir.
3. Şekerle yumurtalar çırpılır. Erimiş yağ ve yoğurt katılır.
4. Kabartma tozu ile elenmiş un, limon kabuğu rendesi ve limon suyu ilâve edilip, karıştırılır.
5. Kâğıtlı tepsiye yayılır. Orta ısılı fırında 15-20 dakika pişirilir.
6. Kurutmadan uzun kenar boyunca sarılıp, açılır. Marmelat sürülüp kâğıt çıkarılarak rulo yapılır.
7. Soğuyunca üzerine vanilyalı pudra şeker serpilir.

Not: İstenirse üzerine de marmelat sürülüp dövülmüş fındık konur.

KREMALI RULO PASTA

MALZEMELER:

- 6 yumurta
- Yarım su bardağı şeker
- 1 su bardağı ve 2 çorba kaşığı un
- 1 çorba kaşığı limon suyu
- Limon kabuğu rendesi
- Yarım paket vanilya

KREMA İÇİN:

- 1 yumurta
- 1 su bardağından 2 parmak eksik şeker
- 3 çorba kaşığı un
- Yarım litre süt
- Limon kabuğu rendesi
- Vanilya
- Yarım küçük paket margarin (65 gr.)

YAPILIŞI:

1. KREMA: Yumurta, şeker, un, limon kabuğu rendesi bakır bir kapta karıştırılır. Yavaş yavaş süt konur. Karıştırarak pişirilir. Koyulaşıp kaynayınca yağ ve vanilya katılır. Karıştırarak soğutulur.
2. PANDİSPANYA: Fırın tepsisine parşömen kâğıdı yayılır. Yağlanır, unlanır. Fırın yakılır.
3. Bakır bir tencerede yumurtalar ile şeker çırpılır, iyice koyulaştırılır.

4. Elenmiş un, limon kabuğu rendesi, vanilya, limon suyu konup karıştırılır.
5. Tepsiye yayılır. Orta hareretli fırında 10-15 dakika kurutmadan pişirilir.
6. Soğutmadan, kâğıdı ile uzun kenar boyunca sarılıp açılır.
7. Krema sürülüp tekrar sarılır. Üzerine vanilyalı pudra şeker serpilir.

Not:

1) İstenirse, kremadan bir miktar ayrılıp üzerine sürülür, fındık veya hindistan cevizi rendesi yapıştırılır.
2) Rulo sarılmadan kremanın üzerine muz veya çilek konup beraber sarılabilir.
3) Pandispanya hamuruna ve kremaya 1-2 avuç dövülmüş fındık veya 1 çorba kaşığı kakao da konabilir.

ALMAN PASTASI

MALZEMELER:

- 3 yumurta
- 3 kahve fincanı toz şeker
- 4 kahve fincanı un
- 1 kahve fincanı su
- 2 çay kaşığı limon kabuğu rendesi
- 1 çay kaşığı kabartma tozu

KREMA İÇİN:

- 1 yumurta
- 3 çorba kaşığı toz şeker
- 3 çorba kaşığı un
- 2 su bardağı süt
- 1 çay kaşığı limon kabuğu rendesi

YAPILIŞI:

1. 20 cm çapında yuvarlak kalıp yağlanıp unlanır.
2. 3 yumurta, 3 kahve fincanı şeker, limon kabuğu rendesi, aliminyum olmayan bir tencerede çırpılıp iyice koyulaştırılır.
3. Kabartma tozu katılmış un elenir, çırpılmadan hafifçe karıştırılır.
4. 1 kahve fincanı su konur. 1-2 defa daha karıştırılıp kalıba boşaltılır. Orta ısılı fırında 30-35 dakika pişirilir.

KREMANIN YAPILIŞI:

1. Aliminyum olmayan bir tencerede 1 yumurta, 3 kaşık şeker, 3 kaşık un azar azar süt ilâvesiyle ezilir. Limon kabuğu rendesi ile sütün tamamı konup karıştırarak pişirilir.
2. Kaymak tutmaması için çırpılarak soğutulur.
3. Soğuduktan sonra kalıptan çıkarılan kek enine iki parçaya kesilir. Alt parçaya kremanın tamamı konup yayılır. Diğer parça üzerine kapatılır, hafifçe bastırılır.
4. Servis tabağına alınıp üzerine bolca pudra şeker elenir.

CEVİZLİ PASTA

MALZEMELER:

- 3 yumurta
- 1 su bardağı toz şeker
- 2,5 su bardağı un
- 1 kahve fincanı süt
- 1 küçük paket margarin (yumuşak, 125 gr.)
- 1 kahve kaşığı kabartma tozu
- Limon kabuğu rendesi
- 1 çorba kaşığı limon suyu
- 2 avuç ceviz
- 3-4 dilim portakal kabuğu şekerlemesi

YAPILIŞI:

1. Kalıp yağlanır, unlanır, fırın yakılır.
2. Ceviz doğranır, portakal şekerlemesi ince ince kıyılır.
3. Kabartma tozu karıştırılmış un elenir.
4. Yağ ile toz şeker karıştırılıp krem haline getirilir. Yumurtalar birer birer kırılıp limon kabuğu rendesi ve limon suyu katılır.
5. Elenmiş un, ceviz, portakal şekerlemesi ve süt ilâve edilip karıştırılır.
6. Kalıba boşaltılıp orta hararetli fırında 35-40 dakika pişirilir.
7. Ilınınca kalıptan çıkarılıp dilimlenir.

Kısa Bilgi: *100 gr. ceviz, 654 kalori verir.*

ÇİKOLATALI YUVARLAK PASTA

MALZEMELER:

- 6 yumurta
- 1 su bardağı şeker
- 2 su bardağından 1 parmak eksik un (1,5 bardaktan fazla)
- 1 çorba kaşığı limon suyu
- Limon kabuğu rendesi
- Yarım paket vanilya
- 1-2 çorba kaşığı kakao

KREMA İÇİN:

- 1 yumurta
- 1 su bardağından 2 parmak eksik şeker
- 3 çorba kaşığı un
- Yarım litre süt
- Yarım paket vanilya
- 2 çorba kaşığı kakao
- Yarım küçük paket margarin (65 gr.)

ÜZERİNİ VE YANLARINI KAPLAMAK İÇİN:

- 150 gr. krem şanti (hazırlanmış)
- 1-2 çorba kaşığı kakao
- 100 gr. fındık
- 1 kahve fincanı likörlü şekerli su (pastayı yumuşak tutmak için)

YAPILIŞI:

KREMA

Bakır bir kapta yumurta, şeker, un kakao, karıştırılır. Yavaş yavaş süt konup pişirilir. Kaynayıp koyulaşınca ateşten alınır. Ilınınca vanilya ve yağ konup karıştırılır.

PANDİSPANYA

1. Kalıp yağlanır, unlanır. Fırın yakılır. Kakao ile un karıştırılıp elenir.
2. Bakır bir kapta yumurta ile şeker çırpılır. Koyu yoğurt kıvamına getirilir. Limon kabuğu rendesi vanilya, limon suyu katılıp 1-2 defa daha çırpılır.
3. Kakaolu elenmiş un konur. Kaşıkla karıştırarak kalıba boşaltılır. Orta ısılı fırında 35-40 dakika pişirilir.
4. Soğuyunca enine 2 parçaya kesilir. Parçalar likörlü şekerli su ile nemlendirilir.
5. Aralarına krema sürülerek parçalar üst üste kapatılır.
6. Kenarlara ve üste de krema sürülür, kenarlara kıyılmış fındık yapıştırılır.
7. Krem şantinin içine kakao elenip karıştırılır. (Fazla karışırsa bozulur.) Krema pompasına doldurulup pastanın üzeri zevke göre süslenir.

Not:

1) Pastanın üzeri, krem şanti yerine, aralarına sürülen krema ile de süslenebilir.
2) Süslemede meyve şekerlemeleri de kullanılabilir.

TAZE PEYNİRLİ HAZIR PASTA

MALZEMELER:

- 1 adet hazır kakaolu yuvarlak kek

KREMA İÇİN:

- 2 çorba kaşığı un
- 1 çorba kaşığı nişasta
- 1 çay bardağı toz şeker
- 1 kutu LABNE pastörize taze peynir (200 gr.)

KEKİ ISLATMAK İÇİN:

- 1 çorba kaşığı Nescafe
- 1,5 kahve fincanı su
- İstenirse; 1 çorba kaşığı meyve likörü veya kanyak veya viski

ÜZERİ İÇİN:

- Yarım çorba kaşığı kakao

YAPILIŞI:

1. Aliminyum olmayan bir tencerede 2 kaşık un, 1 kaşık nişasta, 1 çay bardağı şeker azar azar süt ilavesi ile ezilir.
2. Sütün tamamı konur, karıştırarak pişirilir. Kaynayıp koyulaşınca ateşten alınır.
3. 1 kutu LABNE pastörize taze peynir ilave edilip kaymak tutmaması için karıştırarak soğutulur.
4. 1,5 kahve fincanı suda 1 çorba kaşığı Nescafe eritilir. İstenirse içine likör veya kanyak veya viski konur.
5. Kakaolu kekin iki parçası Nescafeli su ile nemlendirilir.
6. Kekin alt parçasına peynirli kremanın yarısı sürülür. Diğer parça üzerine kapatılır.
7. Kremanın arta kalanı kekin üzerine sürülüp üzerine kakao elenir.

ÇİKOLATALI PASTA CİLASI

MALZEMELER:

- 150 gr. sütsüz çikolata
- Yarım küçük paket margarin (65 gr.)

YAPILIŞI:

1. Çikolata ve margarin bir tabağa konur.
2. İçinde kaynar su bulunan başka bir kabın üzerine oturtularak eritilir. İyice karıştırılır.
3. Ilınınca pastanın üzerine dökülerek bıçakla yayılır. Buz dolabında dondurulur. Sonra üzeri istenen bir krema ile süslenir. (krem şanti veya yağlı krem ile.)

Not: Çikolatalı pasta cilası ile şuala krem ve ekler pastasının üzeri de kaplanır.

KREM ŞANTİNİN HAZIRLANMASI

MALZEMELER:

- 1 su bardağı çiğ süt kaymağı
- 2 çorba kaşığı pudra şeker
- Vanilya

YAPILIŞI:

1. Porselen bir kaseye çiğ süt kaymağı, pudra şeker, vanilya konur.
2. Telle çırpılarak koyulaştırılır. (Fazla karıştırmayınız; bozulur.)
3. Tatlı ve pastalarda kullanılır.

YAĞLI KREM

MALZEMELER:

- 1 küçük paket margarin (yumuşak, 125 gr.)
- 2 yumurta akı
- 2 kahve fincanı şeker
- Yarım paket vanilya

YAPILIŞI:

1. Cam veya porselen bir kâsede yağ karıştırarak beyazlatılır.
2. İki kahve fincanı şeker, aynı miktar su ile kaynatılıp koyulaştırılır.
3. İki yumurta akı bir tencerede çırpılıp katı kar haline getirilir.
4. Kaynar şurup dökülüp hızla karıştırılır.
5. Ilınınca kaşık kaşık yağa ilâve edilir. (Tencere dibinde kalan şurup katılmaz.) Vanilya konur.
6. Bu krem, pastaların üzerini süslemede kullanılır.

Not: Yağlı kreme, 1 çorba kaşığı elenmiş kakao katılıp tadı ve görünüşü değiştirilerek kullanılabilir.

PAPATYA PASTASI

HAMURUN MALZEMESİ:

- 2, 1/4 su bardağı un (2,5 bardaktan az)
- 2 çorba kaşığı pudra şeker
- 1 küçük paket margarin ve 1 parmak ilâve (150 gr.)
- 1 yumurta
- Yarım paket vanilya, limon kabuğu rendesi

İÇİNİN MALZEMESİ:

- 1,5 su bardağı fındık içi
- Yarım su bardağı pudra şekeri
- 3 yumurta, limon kabuğu rendesi
- 15-20 adet iç badem, 2-3 kaşık marmelât

HAMURUN YAPILIŞI:

1. Un elenir. 150 gr. yumuşak yağ, 1 yumurta, 2 çorba kaşığı pudra şeker, limon kabuğu rendesi karıştırılır ve hamur yapılır. (Fazla yoğrulmaz, hamur bozulur.)
2. Merdane ile 3-4 mm inceliğinde açılır. Papatya kalıplarının içine yerleştirilir. Ortasına bir çay kaşığı marmelat konur.

İÇİNİN HAZIRLANIŞI:

3. Makinadan çekilmiş fındık, yumurta, pudra şeker limon kabuğu rendesi karıştırılır.
4. Kalıpların üzeri bu karışımla doldurulur. Kabuğu çıkarılmış ve ikiye ayrılmış badem papatya şeklinde yapıştırılır.
5. Kalıplar tepsiye dizilip orta hararetli fırında pişirilir.

Not:

1) Kalıpları yağlamaya gerek yoktur. Hamur yağlı olduğu için pasta kolay çıkar.
2) Bu pasta için 15-20 küçük papatya kalıbına ihtiyaç vardır.

JÖLELİ, MEYVELİ YUVARLAK PASTA

MALZEMELER:

- 6 yumurta
- 1 su bardağı şeker
- 2 su bardağı un
- 1 çorba kaşığı limon suyu
- Limon kabuğu rendesi

KREMA İÇİN:

- 1 yumurta
- 1 su bardağından 2 parmak eksik şeker
- 3 çorba kaşığı un
- Yarım litre süt
- Yarım küçük paket margarin (65 gr.)
- Yarım paket vanilya

ÜZERİ İÇİN:

- 3-4 şeftali, elma veya muz
- 1 paket şeftali veya muz jölesi
- 75 gr. fındık içi
- 1 fincan likörlü- şekerli su (2 kaşık şeker, 3 kaşık meyve likörü, su)

YAPILIŞI:

KREMA: Bakır bir tencerede yumurta, şeker, un karıştırılır. Yavaş yavaş süt konup pişirilir. Kaynayıp koyulaşınca ateşten alınır. Ilınınca yağ ve vanilya katılır.

PANDİSPANYA:

1. Tepsi yağlanır, unlanır. Fırın yakılır.
2. Yumurtalar ile şeker, bakır tencerede koyu yoğurt kıvamına gelinceye kadar çırpılır. Limon kabuğu rendesi, vanilya, limon suyu katılıp 1-2 kere daha çırpılır.
3. Elenmiş un konur, karıştırılır. Tepsiye boşaltılıp orta ısılı fırında 35-40 dakika pişirilir.
4. Soğuyunca enine 2 veya 3 parçaya kesilir. Parçalar likörlü şekerli su ile nemlendirilir.
5. Aralarına krema sürülerek parçalar üst üste kapatılır.
6. En üste de krema sürülüp soyulmuş meyve dilimleri yerleştirilir.
7. Jöle paketteki tariften yarım bardak az su ile eritilir. Pastanın piştiği temiz, ıslak tepsiye boşaltılıp yarım dondurulur.
8. Hazırlanan meyveli pastanın üzerine tepsi kapatılıp bastırılır. Meyvelerin jöleye yapışması için (30-40 dakika) buzdolabında bırakılır.
9. Sonra tepsi ılık suya birkaç kere batırılıp servis tabağına ters çevrilir.
10. Kenarlarına krema sürülüp kıyılmış fındık yapıştırılır.

Not:

1) Pastaya hangi meyveyi kullanırsanız aynı meyvenin jölesini tercih ediniz.
2) Pasta jölesiz de yapılabilir. O zaman meyveleri araya yerleştiriniz (kurumaması ve kararmaması için). Üzerine ve kenarlarına krema sürüp kıyılmış fındık yapıştırınız.

ELMALI BİSKÜVİ PASTASI

MALZEMELER:

- 100-150 gr. bebe bisküvisi veya normal bisküvi
- 3-4 orta büyüklükte elma
- Yarım su bardağı toz şeker

KREMA İÇİN:

- 3 yumurta sarısı (yumurta akları pastanın üzeri için kullanılacaktır)
- 3 çorba kaşığı nişasta
- 1 litre süt

ÜZERİ İÇİN:

- 3 yumurta akı
- 4 çorba kaşığı toz şeker

YAPILIŞI:

1. Elmalar soyulup rendelenir, yarım su bardağı şekerle suyunu çekecek şekilde pişirilir.
2. Bisküviler büyük dört köşe cam kaseye dizilir. Üzerine ılık elma püresi yayılır.
3. Aliminyum olmayan bir tencerede 3 yumurta sarısı, 3 çorba kaşığı nişasta azar azar sütle ezilir. Sütün tamamı konup şekersiz olarak pişirilir. Karıştırarak soğutulur. Sonra elmaların üzerine yerleştirilir.
4. 3 yumurta akı, 4 çorba kaşığı toz şekerle çırpılıp katı kar haline getirilir. Kremanın üzerine yayılır.
5. Cam kase ortadan daha az sıcaklıktaki fırına konup yumurta akları pembe olana kadar tutulur.

BAKAN PASTASI

(Fırınsız)

MALZEMELER:

- 250 gr. kedi dili bisküvi
- 4 çorba kaşığı hindistan cevizli mısır özü nişasta
- 4 çorba kaşığı oralet
- 14 çorba kaşığı şeker
- 1 limon suyu
- 4,5 su bardağı su
- 1,5 çorba kaşığı hindistan cevizi rendesi (üzeri için)
- 2 mandalina (küçük doğranmış)
- 4 elma (küçük doğranmış)
- 4-5 muz (küçük doğranmış)

YAPILIŞI:

1. Şeker ve oralet 3,5 su bardağı su ile kaynatılır. Buna 1 bardak su ile ezilmiş nişasta katılır. Karıştırarak pişirilir. Limon suyu ilâve edilir.
2. Kalıp ıslatılır. Sıcak pelteden biraz dökülüp yayılır. Üzerine bisküvi, pelte ve karışık meyveler kat kat yerleştirilir. Kaşıkla bastırılır.
3. Soğuyunca buzdolabında 3-4 saat bekletilir. Tabağa ters çevrilip üzerine hindistan cevizi rendesi serpilir.

Not: Mevsime göre değişik meyveler (şeftali, çilek, çekirdeksiz üzüm, kayısı, kiraz vs.) kullanılır.

MİLFÖY PASTASI

MALZEMELER:

- 4,5 su bardağı un (yarım bardağı açma payı ayrılacaktır)
- 1 büyük paket margarin (orta yumuşaklıkta, 250 gr.)
- 3 çorba kaşığı yoğurt
- 2 çorba kaşığı limon suyu
- Yarım çay kaşığı tuz
- Yarım kahve fincanı vanilyalı pudra şeker (üzeri için)

KREMA İÇİN :

- 1 yumurta
- 1 su bardağı şeker
- 3 çorba kaşığı un
- 2,5 su bardağı süt
- Limon kabuğu rendesi
- Vanilya
- 1/4 küçük paket margarin (30 gr.)

YAPILIŞI:

1. Un elenir. Ortasına yoğurt, zeytinyağı, limon suyu, tuz konup karıştırılır. 1 bardaktan az su ile kulak memesi yumuşaklığında bir hamur yapılır. Özleştirilir ve üzeri örtülüp dinlendirilir.
2. Hamur bütün olarak 25-30 cm. büyüklüğünde açılıp ortasına 1 büyük paket margarin konup bohça gibi kapatılır.

3. Bolca unlanıp yalnız boyuna upuzun açılır. İki ucu ortaya getirilip tekrar kitap gibi kapatılır. Üzeri örtülü olarak ve serin bir yerde 20 dak. kadar dinlendirilir.
4. "3" nolu işlem iki kere daha uygulanır. (Aralarda 20 dakika dinlendirilir.)
5. Son olarak 3-4 mm. inceliğinde açılır. (4 adet 20-25 cm^2 olacak şekilde.)
6. Dört eşit parçaya ayrılıp iki tanesi bir tepsiye konur. Kabarmaması için birkaç yerinden delinir.
7. Orta hararetli fırında gevrek olarak pişirilir. Fırından çıktıktan sonra aralarına bolca krema sürülüp üst üste kapatılıp hafifçe bastırılır. (En üste krema sürülmez.)
8. Kenarları bıçakla kesilerek düzeltilir. Üzerine vanilyalı pudra şeker elenir.

KREMANIN YAPILIŞI : Bakır bir tencereye, yumurta, şeker, un limon kabuğu rendesi konur. Yavaş yavaş süt katılır. Karıştırarak pişirilir. Ilınınca, yağ ve vanilya ilâve edilir.

KAKAOLU ELMALI PUDİNG

MALZEMELER:

- 3 yumurta
- 1 su bardağı şeker
- 1 su bardağı un
- 2 elma (soyulup küçük doğranmış)
- 1 çorba kaşığı kakao
- Yarım su bardağı ceviz içi (doğranmış)
- 1 çay kaşığı kabartma tozu

YAPILIŞI:

1. Yumurtalarla şeker iyice çırpılıp koyulaştırılır.
2. Kabartma tozu, kakao, un karıştırarak elenir. Küçük doğranmış elma ve ceviz içi konup karıştırılır.
3. Yağlanmış kalıba boşaltılıp orta hararetli fırında pişirilir.
4. Soğuyunca kalıptan çıkarılıp yarım kahve fincanı şekerli likörlü su gezdirilir.
5. Hazırlanan krema, pastanın üzerine kaşık kaşık dökülüp yayılır.

KREMA MALZEMESİ:

- 1 yumurta
- 2 kahve fincanı şeker
- 1 çorba kaşığı nişasta
- 1 çorbakaşığı kakao
- 2 su bardağı süt
- Vanilya

KREMANIN YAPILIŞI:

1. Yumurta, şeker, nişasta kakao biraz süt ilâvesi ile karıştırılır. Sütün tamamı konup karıştırarak pişirilir.
2. Ara sıra karıştırarak soğutulur. Vanilya katılır.

HOPPA PUDİNG

(Fırınsız)

MALZEMELER:

- 1 su bardağı kırık bisküvi
- 1 küçük paket margarin (yumuşak, 125 gr.)
- Yarım su bardağı pudra şeker
- 2 yumurta
- 2 su bardağı fazla suyu alınmış meyve (sertleri pişirilir)
- 3-4 çorba kaşığı dövülmüş fındık veya ceviz

YAPILIŞI:

1. Bisküvi kırıntılarının yarısı kalıba yerleştirilir.
2. Yağ ile şeker karıştırarak krem haline getirilir. Yumurta sarıları ilâve edilir.
3. Yumurta akları çırpılıp kar haline getirilir. Buna, yumurta sarıları karıştırılmış şekerli yağ, doğranmış meyveler, dövülmüş fındık konup karıştırılır. Kalıba boşaltılıp yayılır.
4. Kalan bisküvi kırıkları, üzerine konup bastırılır. Bir gece veya 4-5 saat buzlukta bekletilir.
5. Dilimlenip tabağa alınır.

ORALETLİ PASTA

(Amonyaklı pasta)

MALZEMELER:

- 2 yumurta, 1 kahve fincanı süt
- 1 kahve fincanı şeker, 1 tatlı kaşığı amonyak soda
- 1 kahve fincanı erimiş margarin, aldığı kadar un

HAMURUN YAPILIŞI:

1. Yukarıdaki malzeme karıştırılır. Aldığı kadar unla orta yumuşaklıkta hamur yapılır. Yarım saat dinlendirilir.
2. Dört eşit parçaya ayrılır. 2 mm. inceliğinde yuvarlak açılıp, fırında birer veya ikişer pişirilir.
3. Sıcakken üzerlerine krema sürülüp üst üste kapatılır. En üste dövülmüş fındık, ceviz veya hindistan cevizi serpilir. Yumuşak kalması için üzeri büyük bir tencere ile örtülür.

KREMA:

- 15 çorba kaşığı şeker, 3 çorba kaşığı oralet
- 4 çorba kaşığı pirinç unu, 1 çorba kaşığı nişasta
- Yarım küçük paket margarin (65 gr.)
- 3 su bardağı su, 1 yumurta

BAŞKA BİR KREMA:

- 2 yumurta
- 1 su bardağı şeker
- 2 kaşık nişasta
- 750 gr. süt (3,5 su bardağı)
- 1 küçük paket margarin (125 gr.)
  (Yapılışı oraletli krema gibidir.)

KREMANIN YAPILIŞI:

Bir tencereye yumurta, oralet, şeker, pirinç unu, nişasta konup karıştırılır. Yavaş yavaş su ilâvesi ile karıştırarak pişirilir. Ateşten alınınca yağ konur. Sıcak olarak kullanılır.

ŞUALA KREM - EKLER PASTASI

MALZEMELER:

HAMUR İÇİN:

- 1 küçük paket margarin (yumuşak, 125 gr.)
- 2, 1/4 su bardağı un (2,5 bardaktan az) • 4 yumurta
- 2 tatlı kaşığı şeker • 2 tutam tuz • 2 su bardağı su

KREMA İÇİN:

- 1 yumurta • 1 su bardağı şeker • 3 çorba kaşığı un
- Yarım litre süt • Yarım paket küçük margarin (65 gr.)
- Limon kabuğu rendesi ve vanilya

YAPILIŞI:

1. KREMA: Bakır bir kaba yumurta, şeker, un, limon kabuğu rendesi konur. Yavaş yavaş süt ilâve edilip karıştırarak pişirilir. Ilıyınca yağ ve vanilya konur.
2. HAMUR: Bakır bir tencereye 2 bardak su, yağ, şeker, tuz konup kaynatılır. Elenmiş un birden ilâve edilip karıştırarak pişirilir. (Tencereye yapışmayacak duruma gelince ateşten alınır.)
3. Ilıyınca yumurtalar birer birer kırılır, karıştırılır. Ucuna geniş huni takılmış krema torbasına doldurulup yağlanmış tepsiye yuvarlak veya uzun sıkılır. (Ceviz büyüklüğünde veya bir parmak uzunluğunda.)
4. Orta hareretli fırında gevrek olarak yavaş yavaş pişirilir (içinin boşalması için).
5. İçlerine krema pompası ile krema doldurulur.
6. Üzeri çikolata ile kaplanır veya pudra şeker elenir.

Not: Üzeri için: 50 gr. sütsüz çikolata ile 50 gr. margarin kaynar su bulunan bir kabın üzerinde eritilip iyice karıştırılır. Pastaların üzeri bir çikolataya batırılıp ters çevrilir.

SAVAYER BİSKÜVİSİ

MALZEMELER:

- 6 yumurta
- 1 su bardağından 1 parmak eksik pudra şeker
- 1 su bardağı un
- Limon kabuğu rendesi
- Yarım paket vanilya

YAPILIŞI:

1. Fırın tepsisine parşömen kâğıdı yayılır, yağlanır, unlanır.
2. Yumurta sarıları ile pudra şeker porselen bir kâsede kabarıncaya kadar karıştırılır.
3. Yumurta akları bakır bir tencerede çırpılıp katı kar haline getirilir.
4. Önce şekerli sarıları ile kar haline gelmiş yumurta akları, sonra elenmiş un, vanilya, limon kabuğu rendesi birbirine katılıp çırpılmadan karıştırılır.
5. Ucuna bir parmak genişliğinde huni takılmış krema torbasına dondurulup tepsiye 6-7 cm. uzunluğunda sıkılır.
6. Üzerine biraz pudra şeker elenir. Hafif hararetli fırında gevrek pişirilir.

KEDİ DİLİ

MALZEMELER:

- 3 yumurta
- 1 su bardağından 1 parmak eksik pudra şeker
- 2 su bardağı ve 2 çorba kaşığı ilâve un
- 1 küçük paket ve 1 parmak ilâve margarin (150 gr.)
- Limon kabuğu rendesi
- Yarım paket vanilya

YAPILIŞI:

1. Fırın tepsisine parşömen kâğıdı yayılır. Yağlanır, unlanır. Fırın yakılır.
2. Porselen bir kâsede yağ ile pudra şeker karıştırılıp krem haline getirilir.
3. Yumurtalar birer birer kırılır. Limon kabuğu rendesi vanilya ve elenmiş un konup karıştırılır.
4. Ucuna kalem çapında düz huni takılmış krema torbasına doldurulup tepsiye 5-6 cm uzunluğunda sıkılır.
5. Orta hararetli fırında pişirilir. Kâğıttan kırmadan dikkatli çıkarılır.

Not: Kedi dili, dondurma ile ikram edildiği gibi krema ve meyvelerle pratik pastalar da yapılır.

ELMALI KURABİYE

MALZEMELER:

- 3 su bardağı un
- 1 büyük paket margarin (yumuşak, 250 gr.)
- 1 çorba kaşığı yoğurt
- 1 kahve kaşığı kabartma tozu
- Limon kabuğu rendesi
- 1 kahve fincanı pudra şeker
- Yarım paket vanilya

MARMELAT İÇİN:

- 3 ekşi elma
- 1 çay bardağı şeker
- Tatlı kaşığı tarçın
- 1 avuç ceviz içi veya fındık (dövülmüş)

YAPILIŞI:

1. Elmalar soyulup rendelenir. Şeker konup karıştırılır. Su koymadan hafif ateşte pişirilir. Soğuyunca dövülmüş fındık, tarçın katılır.
2. Un elenir. Ortasına yağ, yoğurt, pudra şeker limon kabuğu rendesi, kabartma tozu konup yoğrulur.
3. 1,5 ceviz büyüklüğünde parçalara ayrılır. 9-10 cm. çapında açılıp hazırlanan marmelât konur. Sarılır, kat yeri alta gelmek üzere ay şekli verilir ve tepsiye dizilir.
4. Orta hararetli fırında pembe renkte pişirilir.
5. Üzerine vanilyalı pudra şeker elenir.

Not: Kurabiyenin içine elma yerine, ceviz, toz şeker, tarçın karışımı da koyabilirsiniz.

8 MAYALI ELMALI ÇÖREK

MALZEMELER:

- 2 su bardağı un
- Dörtte bir büyük paket margarin (65 gr.)
- 2 yumurta (1 yumurta, 1 yumurta akı hamura, 1 yumurta sarısı üzerine)
- Yarım çay bardağı ılık süt
- 1 tatlı kaşığı kuru maya
- 1 çay bardağı pudra şeker

ELMALI HARÇ:

- 2 elma
- 1 çorba kaşığı çekirdeksiz kuru üzüm
- 1 tatlı kaşığı tarçın

YAPILIŞI:

1. Elmalar yıkanıp dört parçaya kesilir. Ortaları çıkarılıp soyulur. Küçük küçük doğranır. Yıkanmış üzüm, tarçın ilave edilip 8 kümeye ayrılır.
2. Tencerede ılık süt içinde maya eritilir. Pudra şeker, 1 bütün yumurta, 1 yumurta akı ve margarin konup karıştırılır.
3. Elenmiş 2 bardak un ile ele yapışmayan yumuşak bir hamur yapılır. Üzeri örtülerek ılık bir yerde iki misli kabarıncaya kadar mayalandırılır.
4. Hafif unlanarak merdane ile 3 mm. açılıp 8 parçaya kesilir. Üçgen parçaların alt kısmına elmalı harç konur. Yan kısımlar ortaya doğru kıvrıldıktan sonra sarılır. Tepsiye dizilir.
5. 15 dakika kadar daha mayalandırılır. Üzerine yumurta sarısı sürülüp fırında pişirilir.

ELMALI TART

MALZEMELER:

- 8 kahve fincanı un
- 1,5 küçük paket margarin (yumuşak, 200 gr.)
- 1 yumurta, 1 çorba kaşığı yoğurt
- 1 kahve kaşığı kabartma tozu, limon kabuğu rendesi
- 1 çorba kaşığı pudra şeker (hamura)
- 3 ekşi elma, 1 çay bardağı şeker, yarım paket tarçın

YAPILIŞI:

1. Un elenip ortasına yağ, yumurta, yoğurt, kabartma tozu, pudra şeker, limon kabuğu rendesi konup karıştırılır.
2. Sonra un ile yoğrulur. Biri daha büyük olan iki parçaya ayrılır.
3. Büyük parça yarım cm. kalınlığında açılır. 25-30 cm. çapındaki tepsiye yerleştirilir. Hamur, tepsinin kenarının yarısına kadar döndürülür.
4. Hamurun üzerine ince elma dilimleri yerleştirilir. Tarçın karıştırılmış toz şeker serpilir.
5. Diğer hamurdan ince çubuklar yapılır. Elmaların üzerine kafes kafes yerleştirilir.
6. Orta ısılı fırında pembe renkte pişirilir. Servis tabağına alınır.
7. İstenirse üzerine marmelât sürülür veya vanilyalı pudra şeker elenir.

Not: Hamur şöyle hazırlanabilir.

1) 15 çorba kaşığı un, 5 çorba kaşığı pirinç unu ile karıştırılıp ortası açılır.
2) 250 gr. margarin, 1 yumurta, 2 çorba kaşığı şeker, 1 çay kaşığı kabartma tozu ve limon kabuğu rendesi konup yoğrulur. (3-4-5-6-7 nolu işlem aynen yapılır.)

LOR PEYNİRİ KEKİ

HAMUR İÇİN MALZEMELER:

- 1 yumurta
- Üçte bir büyük paket margarin (85 gr.)
- 2,5 çorba kaşığı şeker
- 1,5 su bardağı un

KEKİN ÜZERİ İÇİN MALZEMELER:

- 3 yumurta
- 5 çorba kaşığı şeker
- 400 gr. tuzsuz lor peyniri
- 1 çay bardağı yoğurt
- 1 limon suyu ve kabuğunun rendesi
- Yarım çay kaşığı kabartma tozu
- Üzeri için: 3 çorba kaşığı pudra şeker

YAPILIŞI:

1. Çemberli pasta kalıbı veya 20-25 cm. çapında bir tepsi yağlanır. Fırın ısıtılır.
2. HAMUR: Bir tencerede un, şeker, margarin ve yumurta karıştırılarak, kısa sürede bir hamur yapılır. Serin bir yerde 15-20 dakika dinlendirilir.
3. ÜZERİ İÇİN: Lor peyniri, yoğurt, şeker, limon suyu ve kabuğunun rendesi, kabartma tozu kaşıkla harmanlanır. Daha sonra yumurta sarıları konur ve iyice karıştırılır.
4. Yumurta akları çırpılarak katı kor haline getirilir. Şekerli peynir karışımına katılarak yavaşça altüst edilir.
5. Dinlenen hamur hafif unlanarak merdane ile kalıbın çapından daha büyük açılır. Kenarlar yüksek olarak kalıba yerleştirilir.
6. Üzerine lor peynirli karışım dökülüp yayılır. Orta ısılı fırında 30-35 dakika pişirilir.
7. Soğuduktan sonra kalıptan çıkarılır ve pudra şeker elenir.

PASKALYA ÇÖREĞİ

MALZEMELER:

- 4,5 su bardağı un
- 3 yumurta (1 yumurta sarısı üzerine sürmek için ayrılacak)
- 1,5 su bardağı pudra şeker
- Yarım küçük paket margarin (65 gr.)
- 2 tatlı kaşığı yaş bira mayası
- 2-3 tatlı kaşığı mahlep
- 2-2,5 kahve fincanı süt
- 1 çorba kaşığı fındık içi
- Yarım kahve kaşığı tuz

YAPILIŞI:

1. Un elenir. Ortasına ılık sütle ezilmiş bira mayası, yağ yumurta, pudra şeker, tuz, mahlep konur, yumuşak bir hamur yoğrulur.
2. Üzeri örtülüp ılık bir yerde mayalandırılır.
3. Hamur iki misli kabarınca dokuz parçaya ayrılır. Her parça, ortası şişkin kenarları ince çubuklar halinde yuvarlanır (20 cm).
4. Üç tanesi bir araya getirilip saç örgüsü yapılır. Yağlanmış tepsiye konup biraz daha mayalandırılır.
5. Üzerine yumurta sarısı sürülüp kıyılmış fındık serpilir. Orta hararetli fırında pişirilir.
6. Yumuşak kalması için bir tencereye alınır, üzerine önce bir peçete, sonra da kapağı örtülür.

Not: Üzerine süreceğiniz yumurta sarısına 2-3 damla pekmez koyarsanız daha güzel kızarır.

AY ÇÖREĞİ

MALZEMELER:

- 3 su bardağı un
- 2/5 paket margarin (100 gr.)
- 2-3 çorba kaşığı pudra şeker
- 1 kahve fincanı süt
- 1 tatlı kaşığı yaş bira mayası
- 2 yumurta (1 tanesi hamura 1 yumurta sarısı üzerine)
- Limon kabuğu rendesi

İÇİNİN MALZEMESİ:

- 1 su bardağı ceviz veya fındık içi
- Yarım su bardağı toz şeker, yarım kahve fincanı süt
- 1 kahve kaşığı yenibahar, 1 kahve kaşığı tarçın
- 3 çorba kaşığı dövülmüş krik krak veya bayat ekmek içi
- 2 çorba kaşığı çekirdeksiz üzüm

YAPILIŞI:

1. Un elenir. Ortasına sütle ezilmiş bira mayası, pudra şekeri, yağ, yumurta, limon kabuğu rendesi konup yoğrulur. Üzeri örtülüp mayalandırılır. (Hamur iki misli kabarmalıdır.)
2. İÇİNİN HAZIRLANMASI: Sütün içine, çekilmiş ceviz, krik krak, tarçın, yenibahar, üzüm konup karıştırılır. En son olarak toz şeker ilâve edilir (sulanmaması için).
3. Mayalanan hamur 1,5 ceviz büyüklüğünde parçalara bölünür. El ile 9-10 cm. çapında açılır. Hazırlanan iç konup sarılır ve ay şekli verilir.
4. Yağlanmış tepsiye dizilip yumurta sarısı sürülür. Orta hararetli fırında pişirilir.

ANASONLU SİMİT

MALZEMELER:

- 2,5 su bardağı un
- 1 küçük paket margarin (yumuşak, 125 gr.)
- 2,5 çorba kaşığı pudra şeker
- 2 yumurta (1 yumurta akı üzeri için ayrılacak)
- 2 kahve kaşığı anason
- Limon kabuğu rendesi
- 1 kahve kaşığı kabartma tozu
- Susam
- 1 tutam tuz

YAPILIŞI:

1. Anason ayıklanıp yıkanır. Bir fincan su ile kaynatılıp süzülür. (Suyu alınır.)
2. Un elenir. Ortası açılıp, anasonlu su, yağ, pudra şeker bir bütün yumurta, bir yumurta, sarısı, kabartma tozu, limon kabuğu rendesi, tuz konup yoğrulur.
3. Küçük simitler yapılır. Bu yüzleri önce yumurta akına sonra susama batırılıp tepsiye dizilir. Orta hararetli fırında pişirilir.

Not: Hamura, temizlenmiş tane anasondan 2-3 tutam koyabilirsiniz.

UN KURABİYESİ

MALZEMELER:

- 1 su bardağı erimiş yemeklik margarin
- 1 su bardağı pudra şeker
- 2,5-3 su bardağı un
- Yarım paket vanilya
- 1 çay kaşığı kabartma tozu

YAPILIŞI:

1. Porselen veya cam bir kâsede yağ ile pudra şeker iyice karıştırılıp krem haline getirilir.
2. Elenmiş un, vanilya, kabartma tozu konup, sertçe bir hamur yapılır.
3. Ceviz büyüklüğünde parçalara ayrılıp yuvarlanır. Tepsiye dizilip orta hareretli fırında beyaz olarak pişirilir.
4. Sıcakken üzerine vanilyalı pudra şeker elenir.
5. Kurabiyeler ertesi güne kadar bekletilirse daha iyi olur.

Not: Kurabiyeleri pişirmeden, üzerine kabuğu çıkarılmış yarım badem yapıştırabilirsiniz.

KAYISI BİSKÜVİSİ

MALZEMELER:

- 2,5 su bardağı un
- 1 küçük paket margarin ve 1 parmak ilâve (150 gr.)
- 1 yumurta
- 1/4 su bardağı pudra şeker
- Limon kabuğu rendesi
- Vanilya
- 2-3 çorba kaşığı marmelât

ÜZERİ İÇİN:

- Yarım su bardağı şeker
- 1 fiske kırmızı şeker boyası
- 1 fiske sarı şeker boyası

YAPILIŞI:

1. Un elenir. Ortasına yağ, yumurta, pudra şeker, vanilya, limon kabuğu rendesi konup yoğrulur. (Fazla yoğrulmaz, hamur bozulur.)
2. Küçük parçalara ayrılıp avuç içinde yuvarlanır. Tepsiye dizilir. Orta hararetli fırında pişirilir.
3. Tepsiye değen kısımlarına marmelât sürülüp iki tanesi birbirine yapıştırılır.
4. Kırmızı ve sarı şeker boyaları ayrı ayrı kâselere konur. İkişer kaşık su ile eritilir.
5. Bisküvinin bir yüzü kırmızı, bir yüzü sarı boyaya batırılıp, toz şekerle kaplanır.
6. Tabağa yerleştirilip yıkanmış yapraklar takılır.

Not: Yağlı hamurlar çabuk pişer. Onun için fırında fazla bırakmamalıdır. Hamura 2-3 çorba kaşığı çekilmiş fındık koyarsanız daha nefis olur.

SABLE BİSKÜVİ

MALZEMELER:

- 4,5 su bardağı un
- 1 büyük paket margarin (yumuşak, 250 gr.)
- 1 su bardağı pudra şeker
- 3 yumurta (1 tane yumurta akı üzeri için ayrılacak)
- Limon kabuğu rendesi
- 1 paket vanilya
- 1 su bardağı iç fındık
- 1 çay kaşığı kabartma tozu

YAPILIŞI:

1. Un elenir. Ortasına yağ, pudra, şeker, yumurta, limon kabuğu rendesi, kabartma tozu, vanilya konup yoğrulur. (Fazla yoğrulmaz, hamur bozulur.)
2. Merdane ile yarım cm. kalınlığında açılır. Küçük kalıplarla kesilir.
3. Bisküvilerin birer yüzleri yumurta akına, sonra da kıyılmış fındığa batırılıp tepsiye dizilir.
4. Orta hararetli fırında pişirilir. Sıcakken üzerine vanilyalı pudra şeker elenir.

DOSTLAR KURABİYESİ

MALZEMELER:

- 1 büyük paket margarin (yumuşak, 250 gr.)
- 2 su bardağı şeker
- 4-5 su bardağı un
- 3 yumurta
- 1 su bardağı çekirdeksiz üzüm
- 1 su bardağı dövülmüş ceviz
- 1 çay kaşığı kabartma tozu
- 1 limon kabuğu rendesi

YAPILIŞI:

1. Yağ, şeker ve limon kabuğu rendesi iyice karıştırılır.
2. Yumurtalar birer birer ilâve edilir.
3. Üzüm ve ceviz konur.
4. Kabartma tozu karıştırılmış un elenip yoğrulur.
5. Hamurdan ceviz büyüklüğünde ve muntazam olmayan parçalar koparılarak tepsiye dizilir.
6. Orta hararetli fırında pişirilir.
7. Bir tencereye konup kapak kapatılırsa yumuşak olur.

İKİ RENKLİ BİSKÜVİ

MALZEMELER:

- 2,5 su bardağı un
- 1 küçük paket margarin ve 1 ince dilim ilâve (150 gr.)
- Yarım su bardağı pudra şeker
- 1 yumurta
- Limon kabuğu rendesi
- Vanilya
- 1-2 çorba kaşığı kakao

YAPILIŞI:

1. Un elenir. Ortasına yağ, pudra şekeri, yumurta, limon kabuğu rendesi, vanilya konup yoğrulur. (Fazla yoğrulmaz, hamur bozulur.)
2. Hamur ikiye ayrılır. Bir tanesine elenmiş kakao katılıp yoğrulur.
3. Hamurlar ayrı ayrı parmak genişliğinde yuvarlanır. Sonra birbirine dolanıp iki parmak uzunluğunda kesilir.
4. Tepsiye dizilip, orta hareretli fırında pişirilir. (10-15 dakika.)

Not: İstenirse, hamurlar merdane ile açılıp üst üste konarak sarılır ve dilimlenerek de pişirilir.

BEZE

MALZEMELER:

- 3 yumurta
- 4 kahve fincanı toz şeker
- Yarım paket vanilya
- 1 tatlı kaşığı sirke

YAPILIŞI:

1. Yumurta akları ile şeker bakır bir tencerede iyice koyulaşıncaya kadar çırpılır. Sirke konur, biraz daha çırpılır.
2. Vanilya katılır. (İstenirse dövülmüş damla sakızı da konabilir.)
3. Parşömen kağıdı yayılmış tepsiye kaşık kaşık konur veya krema torbası ile sıkılır.
4. Hafif hararetli fırında kurutarak uzun süre pişirilir.

Not: Bezeyi; krema torbası ile, tepsiye yuvarlak ve çabuk şekilde sıkınız ve yine kurutarak pişiriniz. Sonra bir çubuk ile yuvarlağı marmelâtla mantar şeklinde yapıştırınız ve öyle ikram ediniz.

HİNDİSTAN CEVİZLİ BEZE

(Koko)

MALZEMELER:

- 3 yumurta akı
- 4 kahve fincanı şeker
- 1 su bardağı hindistan cevizi rendesi
- 1 çorba kaşığı patates nişastası
- Yarım paket vanilya
- 1 tatlı kaşığı sirke

YAPILIŞI:

1. Yumurta akları şeker ile bakır bir kapta çırpılarak kar haline getirilir. (Damlaların şekilleri kaybolmaması gerekir.) Sirke konur, biraz daha çırpılır.
2. Nişasta, vanilya ve hindistan cevizi rendesi ilâve edilip kaşıkla karıştırılır.
3. Parşömen kağıdı yayılmış tepsiye kaşıkla kümeler halinde konur.
4. Hafif hararetli fırında kurutarak uzun süre pişirilir.

PORTAKALLI KURABİYE

MALZEMELER:

- 2 su bardağı şeker
- 1 su bardağı yoğurt
- 1 büyük paket margarin (250 gr.)
- 1 yumurta (akı hamura, sarısı üzerine)
- 2 kahve kaşığı kabartma tozu
- 1 portakal suyu
- 1 portakal kabuğu rendesi
- Aldığı kadar un

YAPILIŞI:

1. Şeker, portakal kabuğu, yağ karıştırılıp krem haline getirilir.
2. Yoğurt, yumurta akı, kabartma tozu konur. İyice karıştırılır.
3. Aldığı kadar un ile orta yumuşaklıkta yoğrulur. Son olarak portakal suyu konur.
4. Yarım limon büyüklüğünde yuvarlanıp hafif yassıltılır. Tepsiye dizilip yumurta sarısı sürülür. Orta hararetli fırında pişirilir.
5. Yumuşak olması için, bir tencereye konup önce bir peçete, sonra kapak örtülür.

Not: Hamur, merdane ile 1 cm. kalınlığında açılıp kalıplarla da kesilebilir.

BEREKETLİ KURABİYE

MALZEMELER:

- 3 su bardağı şeker
- 2 su bardağı erimiş yağ
- 6 yumurta (1 yumurta sarısı üzerine ayrılacaktır)
- 1 su bardağı yoğurt
- 1 çorba kaşığı mahlep
- 2 çay kaşığı kabartma tozu
- 2 avuç fındık
- Limon kabuğu rendesi
- Vanilya
- Aldığı kadar un

YAPILIŞI:

1. Şeker, yumurta, yağ yoğurt, limon kabuğu rendesi, vanilya, kabartma tozu, çekilmiş fındık ve mahlep geniş bir kapta iyice karıştırılır.
2. Aldığı kadar elenmiş unla orta yumuşaklıkta yoğrulur. Yarım limon büyüklüğünde parçalara ayrılıp yuvarlak veya uzun şekil verilir.
3. Tepsiye dizilip yumurta sarısı sürülür. Orta hararetli fırında pişirilir.
4. Yumuşak olması için, bir tencereye konup önce bir peçete, sonra kapak örtülür.

Not: Hamur merdane ile 1,5-2 cm. kalınlığında açılıp şekilli kalıplarla da kesilebilir.

LOR KURABİYESİ

MALZEMELER:

- 2 su bardağı un
- 250 gr. tatlı lor
- 1 yumurta
- 1 su bardağı toz şeker
- 1/4 paket margarin (65 gr.)
- 1 çay kaşığı kabartma tozu

YAPILIŞI:

1. Bir tencereye lor, yumurta, toz şeker, margarin, kabartma tozu konup karıştırılır.
2. Elenmiş 2 bardak un ilâvesiyle yumuşak bir hamur yapılır.
3. Küçük parçalara ayrılıp avuç içinde yuvarlanır. Hafifçe bastırılıp yağlanmış tepsiye dizilir.
4. Orta ısılı fırında pembe renkte pişirilir.
5. Yumuşak olması için, ılınınca bir tencereye alınıp kapağı kapatılır.

Not: Kurabiyelerin üzerine yumurta sürülmez.

TUZLU ÇUBUK

MALZEMELER:

- 4,5 su bardağı un
- 1 büyük paket margarin (yumuşak, 250 gr.)
- 4 kaşık yoğurt
- 2 yumurta (1 tanesi üzerine sürmek için ayrılacaktır)
- Susam, çörek otu
- Tuz

YAPILIŞI:

1. Un elenir. Ortasına yağ, yoğurt, tuz, yumurta konup yoğrulur.
2. Ceviz büyüklüğünde parçalara ayrılır. Yuvarlanarak ince çubuklar yapılır. Birbirine dolanıp tepsiye dizilir.
3. Üzerine yumurta sarısı sürülüp susam ve çörek otu serpilir. Orta hararetli fırında pişirilir.

PEYNİRLİ BİSKÜVİ

MALZEMELER:

- 4 su bardağı un
- 1 büyük paket margarin (yumuşak, 250 gr.)
- 5-6 çorba kaşığı rendelenmiş kaşar
- 1 yumurta (akı hamura, sarısı üzerine sürülecek)
- 1-2 kahve kaşığı kırmızı biber (istenirse)
- Tuz

YAPILIŞI:

1. Un elenir. Ortası açılıp, yağ, tuz, kaşar rendesi ve yumurta akı konulup karıştırılır.
2. Etraftaki un ile yoğrulur. (Fazla yoğurmayın, hamur bozulur.) Yaş bez altında 10 dakika kadar dinlendirilir.
3. Unlanıp merdane ile yarım cm. kalınlığında açılır. Küçük kalıplarla kesilir.
4. Tepsiye dizilip üzerine yumurta sarısı sürülür, istenirse kırmızı biber serpilir.
5. Orta hararetli fırında pişirilir.

Not: Rende kaşardan biraz ayırıp, bisküvilere yumurta sarısı sürüldükten sonra birer tutam konabilir.

BİR TUZLU KURABİYE

MALZEMELER:

- 1 çay bardağı yoğurt veya süt
- 1 çay bardağı erimiş margarin
- 1 çay bardağı sıvı yağ
- 1 yumurta (akı hamura, sarısı üzerine)
- 1 çay kaşığı kabartma tozu
- 1 çay kaşığı şeker
- 2 çay kaşığı tuz
- Aldığı kadar un
- 1-2 çorba kaşığı susam çörek otu karışımı

YAPILIŞI:

1. İlk yedi malzeme bir tencereye konur. El ile karıştırılır. Elenmiş un ile ele yapışmayan bir hamur yapılır. Üzeri örtülerek 10-15 dakika dinlendirilir.
2. Cevizden küçük parçalara ayrılır. Küçük simitler veya burgulu çubuklar yapılır. Tepsiye dizilerek 2 çay kaşığı süt ile karıştırılmış yumurta sarısı sürülür. Üzerine çörek otu susam karışımı serpilir. Fırında açık pembe renkte pişirilir.

YAĞLI SİMİT

MALZEMELER:

- 4,5 su bardağı un
- 1 büyük paket margarin (yumuşak, 250 gr.)
- 1 tatlı kaşığı yaş bira mayası
- 1 tatlı kaşığı şeker
- Bir kahve fincanı süt
- 3 yumurta (1 tanesi üzeri için)
- Susam, çörek otu
- 3 kahve kaşığı tuz

YAPILIŞI:

1. Un elenir. Ortası açılıp şekerli sütle ezilmiş bira mayası, yağ, yumurta, tuz konup yoğrulur.
2. Üzeri örtülü olarak ılık bir yerde mayalandırılır.
3. Ceviz büyüklüğünde parçalara ayrılır. Küçük simitler yapılır. Yumurta sarısı sürülüp susam, çörek otu serpilir.
4. Tepsiye dizilip orta hararetli fırında pişirilir.

KANDİL SİMİDİ

MALZEMELER:

- 1 büyük paket margarin (yumuşak, 250 gr.)
- 4 çorba kaşığı yoğurt
- 1 kahve fincanı zeytinyağı
- 1 çorba kaşığı mahlep
- 2 kahve kaşığı tuz
- 1,5 kahve kaşığı kabartma tozu
- Aldığı kadar un (5-5,5 su bardağı kadar)
- 1 yumurta (sarısı hamura, akı üzerine).
- 50 gr. susam

YAPILIŞI:

1. Bir tencereye margarin, zeytinyağı, yoğurt, mahlep, tuz, kabartma tozu, yumurta sarısı konup karıştırılır.
2. Elenmiş un konup kulak memesi yumuşaklığında bir hamur yapılır.
3. Yumurta büyüklüğünde parçalara ayrılıp simitler yapılır.
4. Üzerlerine yumurta akı sürülüp susamla kaplanır.
5. Tepsiye dizilip orta hararetli fırında pişirilir.

PEYNİRLİ PİDE

MALZEMELER:

- 5 su bardağı un
- 4 çorba kaşığı margarin
- 1 tatlı kaşığı yaş bira mayası
- 1 kahve fincanı süt
- 3 yumurta (2 tanesi hamura, 1 yumurta sarısı üzerine, 1 yumurta akı peynire)
- 1 küçük kalıp beyaz peynir
- Yarım demet dereotu
- 2 çay kaşığı şeker
- 2 çay kaşığı tuz

YAPILIŞI:

1. Un elenir. Ortasına şekerli sütle ezilmiş bira mayası, yağ, iki yumurta ve tuz konarak orta yumuşaklıkta bir hamur yapılır. Ilık bir yerde üzeri örtülü olarak mayalandırılır.
2. Yumurta büyüklüğünde parçalara ayrılır. Hafif unlanmış yerde el ile açılıp peynir, dereotu ve yumurta akı karışımı konur. İki ucu peynir görünecek şekilde birleştirilir.
3. Ilık bir yerde bir süre daha mayalandırılıp yumurta sarısı sürülür. Orta hararetli fırında kurutmadan pişirilir.
4. Fırından çıkar çıkmaz üzerleri hafif yağlanır ve bir tencereye konup kapak kapatılır (yumuşak olması için).

PEYNİRLİ PİDE

(Başka usül)

MALZEMELER:

- 1 su bardağı süt
- 1 tatlı kaşığı bira mayası
- 1 tatlı kaşığı şeker
- 1 su bardağı erimiş margarin
- 1 küçük kalıp beyaz peynir
- 1 yumurta (sarısı üzerine, akı peynire)
- Maydanoz ve dereotu
- Aldığı kadar un
- 1 tatlı kaşığı tuz

YAPILIŞI:

1. Sütün içinde şeker ve bira mayası eritilir.
2. Buna erimiş yağ, tuz konup karıştırılır. Aldığı kadar un ile orta yumuşaklıkta bir hamur yapılır.
3. Üzeri örtülü olarak bir süre mayalandırılır.
4. Yumurta büyüklüğünde parçalara ayrılır. Avuç içinde açılıp peynir, maydanoz ve yumurta akı karışımı konur. İki uç peynir görünecek şekilde birleştirilir.
5. Yağlanmış tepsiye dizilip üzerine yumurta sarısı sürülür. Orta hararetli fırında pişirilir.
6. Kurumaması için tencereye konup kapak kapatılır.

TEPSİ ÇÖREĞİ

MALZEMELER:

- 1 tatlı kaşığı yaş bira mayası
- 1 bardak süt
- 1 tatlı kaşığı şeker
- 1 büyük paket margarin (yumuşak, 250 gr.)
- 2 yumurta (1 tanesi hamura, 1 yumurta sarısı üzerine)
- 10 kahve fincanı un
- Yarım kalıp beyaz peynir
- Yarım demet dereotu
- 1 çay kaşığı çörek otu
- 1 tatlı kaşığı tuz

YAPILIŞI:

1. Ilık süte bira mayası ve şeker konup eritilir.
2. Yağ, yumurta, tuz ve elenmiş un konup yumuşak bir hamur yapılır. Üzeri örtülü olarak ılık bir yerde mayalandırılır. (Hamur iki misli kabarmalıdır.)
3. 25-30 cm. çapında bir tepsi yağlanır. Hamurun yarısı el ile tepsiye yayılır.
4. Üzerine kıyılmış dereotu karıştırılmış peynir rendesi serpilir.
5. Kalan hamur üzerine yerleştirilip el ile bastırılır. Yumurta sarısı sürülür. Çörek otu serpilip orta hararetli fırında pişirilir.
6. Dilimlenerek tabağa alınır.

KABAKLI TART

MALZEMELER:

- 200 gr. yumuşak margarin (Büyük margarinin beşte dördü)
- 1 yumurta
- 1 çorba kaşığı yoğurt
- 1 çay kaşığı kabartma tozu
- 1 çay kaşığı tuz
- Aldığı kadar un

ÜZERİNE:

- 1 büyükçe kabak
- 1 adet soğan
- 2 çarliston biber
- Küçük bir parça beyaz peynir (100-150 gr.)
- Yarım demet dereotu
- 2 yumurta
- 1 çay kaşığı tuz, yarım çay kaşığı karabiber

YAPILIŞI:

1. Bir tencereye yumuşak margarin, 1 yumurta, 1 kaşık yoğurt, kabartma tozu ve tuz konup karıştırılır. Elenmiş un ile ancak birbirini tutacak, kısa sürede bir hamur yapılır. Üzeri örtülerek serin bir yerde 10-15 dakika dinlendirilir.
2. Hamur, unlanarak küçük bir tepsinin çapından daha büyükçe açılır. Tepsinin içine, kenarları biraz yüksek olarak yerleştirilir.
3. Kabak yıkanır, peynirle beraber rendenin iri tarafı ile rendelenir. Biber, soğan ve dereotu küçük küçük doğranır. 2 yumurta, tuz ve karabiber ilâve edilerek karıştırılır.
4. Bu karışım hamurun üzerine yayılır. Üzerine iki kaşık kadar sıvı yağ gezdirilir. Fırında pembe olarak pişirilir. Ilık olarak servis yapılır.

KOLAY PEYNİRLİ TEPSİ ÇÖREĞİ

MALZEMELER:

- Yarım büyük paket margarin (125 gr.)
- Yarım su bardağı sıvı yağ
- Yarım su bardağı süt
- 1 çay kaşığı kabartma tozu
- 1 çay kaşığı şeker
- 1,5 çay kaşığı tuz
- Aldığı kadar un
- Yarım küçük kalıp beyaz peynir
- 1 yumurta (akı hamura, sarısı üzerine sürülecek)
- Yarım demet maydanoz
- 2 çay kaşığı çörek otu

YAPILIŞI:

1. Tencereye, yumuşak margarin, sıvı yağ, süt, kabartma tozu, şeker, tuz ve 1 yumurta akı konup el ile karıştırılır.
2. Aldığı kadar elenmiş un ile, ele yapışmayan yumuşak bir hamur yoğrulur. İki parçaya ayrılıp üzeri örtülü olarak serin bir yerde 10-15 dakika dinlendirilir.
3. 28-30 cm. çapında bir tepsi yağlanır. Hamurun bir tanesi tepsi büyüklüğünde açılıp içine yerleştirilir. Üzerine doğranmış maydanoz karıştırılmış peynir rendesi serpilir.
4. Diğer hamur da aynı büyüklükte açılıp peynirin üzerine konur. Hafifçe bastırılıp kare şeklinde dilimlenir.
5. Üzerine yarım kaşık süt karıştırılmış yumurta sarısı sürülür, çörek otu serpilir ve fırında pişirilir.

KOLAY PİZZA

MALZEMELER:

- 1 küçük paket margarin (yumuşak, 125 gr.)
- 2 çorba kaşığı yoğurt
- 1 yumurta
- 1 çay kaşığı kabartma tozu
- 2,5 su bardağı un
- Tuz

ÜZERİ İÇİN:

- 2-3 sivri biber, 1-2 domates
- Küçük bir parça sucuk
- 1 yumurta
- Yarım bardak süt
- 1 avuç maydanoz yaprağı

YAPILIŞI:

1. Un elenir, ortasına yumuşak margarin, yoğurt, yumurta, tuz, kabartma tozu konup yoğrulur. Üzeri örtülüp bir süre dinlendirilir. Hamur, 25-30 cm. çapında bir tepsinin kenarlarının yarısına çıkacak kalınlıkta açılır, tepsiye yerleştirilir.
2. Sucuk, biber, domates, maydanoz küçük küçük doğranır. Hamurun üzerine yerleştirilir.
3. Yarım bardak süt ile 1 yumurta çırpılır. Harcın üzerine dökülüp orta hararetli fırında pişirilir.

Not: Bu pizza, peynirli ve kıymalı da yapılır.

KUSURSUZ PİZZA

MALZEMELER:

- 5 su bardağı un, 1 yumurta
- 1 tatlı kaşığı yaş bira mayası
- 1,5 su bardağı süt
- 1 tatlı kaşığı şeker, 1 tatlı kaşığı tuz
- 1 küçük paket margarin (yumuşak, 125gr.)

SOS İÇİN:

- 10-12 sosis, 4-5 çorba kaşığı rende kaşar üzerine serpmek için
- 1-2 çorba kaşığı salça, 3 diş sarımsak
- Tuz, karabiber, 1 tutam kekik
- 1 kahve fincanı zeytinyağı

YAPILIŞI:

1. Un elenir, ortası açılıp şekerli sütle ezilmiş bira mayası, margarin, yumurta, tuz konup yumuşak bir hamur yapılır. Ilık bir yerde üzeri örtülü olarak mayalandırılır. (Hamur iki misli kabarmalıdır.)
2. Yumurta büyüklüğünde parçalara ayrılıp el ile 7-8 cm. çapında açılıp, yağlanmış tepsiye dizilir. Kenarlar cimdiklenerek biraz yükseltilir
3. Üzerine yağ sürülüp bir süre daha mayalandırılır.
4. Hamur kabarınca üzerine sos konup kaşar peyniri rendesi serpilir. Orta hararetli fırında pişirilir.

SOSUN YAPILIŞI:

Salça biraz su ile koyuca ezilir. Tuz, karabiber, kekik, dövülmüş sarımsak, haşlanarak küçük doğranmış sosis ve zeytinyağı konup karıştırılır.

PATATESLİ TUZLU AY ÇÖREĞİ

MALZEMELER:

- 3 su bardağı un
- 3 orta boy patates
- 1 küçük paket margarin (yumuşak, 125 gr.)
- 2 yumurta (1 tanesi hamura, 1 yumurta sarısı üzerine, akı peynire)
- 1 kahve fincanı süt
- 1 tatlı kaşığı yaş bira mayası
- 2 çay kaşığı tuz
- 4 kibrit kutusu kadar beyaz peynir
- Yarım demet maydanoz

YAPILIŞI:

1. Un elenir. Ortasına sütle ezilmiş bira mayası, haşlanıp püre yapılmış patates, yağ, 1 yumurta, tuz konup yoğrulur. Üzeri örtülüp ılık bir yerde mayalandırılır.
2. Yumurtadan daha küçük parçalara ayrılır. Merdane ile 10-12 cm. çapında açılıp ortasına peynir, maydanoz, yumurta akı karışımı konur. Sarılarak ay biçiminde kıvrılır.
3. Yağlanmış tepsiye dizilip yumurta sarısı sürülür ve orta hararetli fırında pişirilir.

Not: Üzerine süreceğiniz yumurta sarısına 2-3 damla pekmez damlatırsanız daha güzel kızarır.

PATATESLİ TUZLU AY ÇÖREĞİ

(Başka usül)

MALZEMELER:

- 1 su bardağı yoğurt
- 1,5 su bardağı margarin- zeytinyağı karışımı
- 4 orta boy patates (haşlanmış ve rendelenmiş)
- 1 yumurta (akı peynire, sarısı üzerine)
- 1,5 kahve kaşığı kabartma tozu
- Aldığı kadar un
- 4-5 kibrit kutusu kadar beyaz peynir
- Yarım demet maydanoz, dereotu
- Tuz

YAPILIŞI:

1. Geniş bir kapta yağ, yoğurt, kabartma tozu, tuz karıştırılır. Elenmiş un konup kulak memesi yumuşaklığında yoğrulur.
2. Yumurta büyüklüğünde parçalara ayrılır. El ile veya merdane ile 10-12 cm. çapında açılır. Üzerine önce patates püresi, sonra peynir, maydanoz, dereotu ve yumurta akı karışımı konur.
3. Sarılarak ay şekli verilir. Tepsiye dizilip yumurta sarısı sürülür. Orta hararetli fırında pişirilir.

Not: İsterseniz; peynir, patates püresi, maydanoz, dereotu ve yumurta akını karıştırıp öyle kullanabilirsiniz.

SU BÖREĞİ

MALZEMELER:

- 6 yumurta
- 1 kahve fincanı yoğurt
- Yarım çorba kaşığı tuz
- Aldığı kadar un

PEYNİRLİ İÇ İÇİN:

- 1 büyük kalıp beyaz peynir (300 gr.)
- 1 demet dereotu-maydanoz
- 1 yumurta, 3 çorba kaşığı margarin
- 3 çorba kaşığı tereyağı (yufkaların aralarını yağlamak için)

YAPILIŞI:

1. Bir tencereye 6 yumurta, 1 kahve fincanı yoğurt, yarım çorba kaşığı tuz konup karıştırılır. Aldığı kadar elenmiş un ile sertçe bir hamur yapılır. İyice yoğrulur. 10-12 parçaya ayrılır. Üzeri örtülü olarak 15-20 dakika dinlendirilir.
2. Her parça unlanarak 2 mm. inceliğinde açılır. Bir tanesi yağlanmış tepsiye kenarlardan sarkacak şekilde yayılır.
3. Diğer yufkalar dörde bölünerek kaynar tuzlu suda 1 dakika haşlanıp, soğuk su bulunan başka bir kaba alınır. Sonra hafifçe kurulanır.
4. Tepsiye büzgülü olarak serilip her defasında erimiş yağ gezdirilir.
5. Hamurun yarısı bitince peynirli iç konur. Diğer yufkalar da aynı şekilde serilip kenarlardan sarkan parça üzerine çevrilir. Bolca yağlanıp fırında veya ocakta çevrilerek kızartılır.

İÇİNİN HAZIRLANMASI: Rendelenmiş peynir, yumurta, doğranmış maydanoz, dereotu karıştırılır.

Not: Yukarıdaki malzemeden 40 cm çapında iki tepsi börek yapabilirsiniz.

YOĞURTLU BÖREK

MALZEMELER:

- 5 su bardağı un
- 1 büyük paket margarin (yumuşak, 250 gr.)
- 3 çorba kaşığı yoğurt
- 3 yumurta (1 yumurta akı peynire konacak, 1 yumurta sarısı üzerine sürülecektir.)
- Yarım kalıp beyaz peynir
- Yarım demet maydanoz ve dereotu
- 2 çay kaşığı tuz

YAPILIŞI:

1. Un elenir. Ortasına yağ, 2 yumurta, tuz, yoğurt konup karıştırılır. Sonra un ile yoğrulur.
2. Maydanoz, dereotu, peynir ve yumurta akı karıştırılır.
3. Hamur ceviz büyüklüğünde parçalara ayrılır. Avuç içinde açılıp peynirli iç konur ve kapatılır.
4. Hafif yağlanmış tepsiye dizilip üzerine yumurta sarısı sürülür. Orta hararetli fırında pişirilir.

Not: İstenirse; böreklerin üzerine yumurta sarısı sürüldükten sonra çörek otu da serpilebilir.

KARAKÖY POĞAÇASI

MALZEMELER:

- 1 su bardağı yoğurt
- 1 tatlı kaşığı yaş bira mayası
- 1,5 su bardağı yağ (yarısı margarin, yarısı zeytinyağı)
- 1 yumurta (akı hamura, sarısı üzerine sürülecek)
- Aldığı kadar un
- Yarım kalıp beyaz peynir
- Yarım demet dereotu, maydanoz
- Tuz

YAPILIŞI:

1. Maya yoğurtla ezilir. Tuz, yumurta akı ve yağ konup iyice karıştırılır.
2. Aldığı kadar un ile yumuşak bir hamur yapılır. Küçük parçalara ayrılır. (Üzeri örtülü olarak kabarıncaya kadar mayalandırılır.)
3. Avuç içinde biraz açılıp peynirli iç konur ve kapatılır.
4. Tepsiye dizilip yumurta sarısı sürülür. Orta hararetli fırında pişirilir.

MAYALI POĞAÇA

MALZEMELER:

- 1 çay bardağı süt
- 1 çay bardağı yoğurt
- 1 çay bardağı sıvı yağ
- 2 tatlı kaşığı kuru maya
- Yarım çay bardağı ılık su
- 1 çay kaşığı şeker, 1 çay kaşığı tuz
- 1 yumurta (akı peynire, sarısı üzerine sürülecek)
- Aldığı kadar un
- Küçük bir parça beyaz peynir
- 7-8 dal maydanoz

YAPILIŞI:

1. Tencerede ılık su içinde şeker ve maya eritilir. Süt, yoğurt, sıvı yağ ve tuz konup karıştırılır. Aldığı kadar un ile ele yapışmayan yumuşak bir hamur yapılır. Üzeri örtülerek ılık bir yerde iki misli oluncaya kadar mayalandırılır.
2. Maydanoz yıkanıp doğranır, rendelenmiş peynir ve yumurta akı karıştırılır.
3. Mayalanan hamur, üç parçaya ayrılır. Parçalar hafif unlanarak merdane ile tabak büyüklüğünde açılır ve altı parçaya kesilir. (Toplam 18 poğaça)
4. Parçaların geniş tarafına peynirli harç konup kıvrılır. Tepsiye dizilip bir süre daha mayalandırılır. Yumurta sarısına birkaç damla sıvı yağ ve iki çay kaşığı süt konup karıştırılır. Poğaçaların üzerine sürülür. İstenirse susam, çörek otu serpilir.
5. Fırında pişirilir. Fırından çıktıktan sonra biraz soğuyunca, bir tencereye konur. Yumuşak kalması için üzeri örtülür.

RUS BÖREĞİ

MALZEMELER:

- 1 su bardağı süt, 1 su bardağı su
- 2 tatlı kaşığı yaş bira mayası
- 1 tatlı kaşığı tuz, 1 tatlı kaşığı şeker
- Yarım küçük paket margarin (65 gr.)
- Aldığı kadar un
- Kızartma için iki su bardağı ayçiçek veya zeytinyağı

İÇİ İÇİN:

- 250 gr. kıyma, 2 soğan
- Yarım demet maydanoz
- Tuz ve karabiber

YAPILIŞI:

1. Şeker ile bira mayası sütle eritilir.
2. Buna su, tuz, erimiş margarin konup karıştırılır.
3. Aldığı kadar un ile yumuşak bir hamur yapılır. Üzeri örtülü olarak ılık bir yerde mayalandırılır.
4. Yumurtadan küçük parçalara ayrılır. Avuç içinde açılıp hazırlanan kıymalı iç konup kapatılır. Yumurta biçiminde şekillenir.
5. Kızgın yağda kızartılıp kağıt üzerine çıkarılır.

Not: Kıymalı iç şöyle hazırlanır: Küçük doğranmış soğan, kıyma çok az yağ ile kavrulur. Ateşten alınıp kıyılmış maydanoz ve tuz karabiber karıştırılır. (Kıyma ve soğan kavurmadan çiğ de kullanılabilir.)

PUF BÖREĞİ

MALZEMELER:

- 4 su bardağı un, 2 kaşık margarin, 1 yumurta
- 2 kaşık yoğurt, 1,5 çay kaşığı tuz
- Yarım kalıp beyaz peynir, maydanoz ve dereotu
- 2 bardak ayçiçek veya zeytinyağı (kızartmak için)

YAPILIŞI:

1. Un elenir, ortasına yoğurt, yumurta, tuz, yarım bardak kadar su konup yoğrulur. Özleştirilip 15 parçaya bölünür. Yaş bez altında dinlendirilir.
2. Her parça 10 cm açılıp araları margarinle yağlanır. (Az erimiş yağ karıştırarak krem gibi beyazlatılacaktır.)
3. 5 hamur üst üste konur ve üç grup yapılır. En üstler yağlanmaz.
4. Her parça 2 mm. inceliğinde açılır. Peynir-maydanoz karışımı küme küme konup üzeri hamurla kapatılır. Kapakla kesilir.
5. Kızgın yağda hafif hafif sallayarak kızartılır. Fazla yağı çekmesi için kağıt üzerine çıkarılır.

Not: Başka bir terkip: Tencereye 1 yumurtayı tepesinden delip akıtınız. Aynı yumurta kabuğu ile, 2 yumurta dolusu su, 2 yumurta dolusu zeytinyağı-margarin karışımı, 1 yumurta dolusu sirke, 1 tutam tuz ve aldığı kadar un ile orta yumuşaklıkta bir hamur yapınız. 40 parçaya ayırıp 5-6 cm. çapında açınız. Peynirli iç koyup kapatarak yağda kızartınız. (Aynı hamur tuzsuz hazırlanıp, parçaların içine, ceviz, şeker, tarçın karışımı koyarak kızartıldıktan sonra pudra şekerle bulanabilir).

KATMER

MALZEMELER:

- 1 su bardağı su, 1 çay kaşığı tuz
- Aldığı kadar un (4-5 bardak)
- 3-4 çorba kaşığı margarin (yumuşak)

YAPILIŞI:

1. Bir tencereye su ve tuz konur. Elenmiş 4-5 bardak un ile bir hamur yapılır. İyice özleştirilir.
2. Üzeri nemli bezle örtülerek 10-15 dakika dinlendirilir.
3. 16 parçaya ayrılır. Her parça unlanarak 10-12 cm. çapında açılır.
4. Aralarına karıştırarak beyazlatılmış yağ sürülür. 4 tanesi üst üste konur. (4 grup yapılır, en üstler yağlanmaz). Üstleri örtülür.
5. İlk hazırlanan dört katlı hamur unlanarak açılabildiği kadar açılır. Oklavaya sarılıp, oklava çekilerek çıkarılır. Bu rulo hamur tekrar dört parçaya ayrılır.
6. Kesilen kısımlar üste gelmek üzere her parça 10-12 cm çapında açılır.
7. Diğer hamur grupları da aynı şekilde hazırlandıktan sonra toprak tava, teflon tava veya saç üzerinde pişirilir.
8. Pişirilen katmerler yağlanıp üst üste konur. Yumuşak olması için üzerleri örtülür.

Not:

1. Katmere pudra şeker serpilebilir.
2. Arasına peynir, kıyılmış maydanoz, taze soğan konarak pişirilir.
3. Arasına çiğ kıyma, soğan, yeşil biber, maydanoz, domates karışımı konarak da pişirilir.

SOSİSLİ ÜÇ YUFKA BÖREĞİ

MALZEMELER:

- 3 yufka
- 3 karışık margarin
- 2 kaşık yoğurt
- 2 yumurta (1 yumurta sarısı üzerine sürülecek)
- 6-7 adet sosis
- 2-3 sivri biber
- 2 küçük domates
- 1 kahve kaşığı kekik
- Tuz

YAPILIŞI:

1. Sosis haşlanır. Sosis, domates ve biber küçük küçük doğranır. Tuz ve kekik atılıp karıştırılır.
2. Yağ, yoğurt, yumurta karıştırılır.
3. Bu karışım bütün olarak yufkaların arasına sürülüp 3 yufka üst üste konur.
4. Yufkalar önce dörde sonra her parça üçe kesilir. (Hepsi 12 parça)
5. Parçaların geniş kenarına sosisli harç konup sarılır. Tepsiye dizilir.
6. Yumurta sarısı sürülüp orta hararetli fırında pişirilir.

Not: Sosisli iç yerine peynirli ve kıymalı iç de konabilir.

HAZIR YUFKADAN TAVUKLU BÖREK

MALZEMELER:

- 3 yufka
- 1 tavuk göğüs eti (haşlarken: 1 küçük soğan, tane karabiber)
- 125 gr. tereyağı veya margarin ya da sıvı yağ (4-5 kaşık)
- 2 çorba kaşığı yoğurt, 2 çorba kaşığı un
- 2 yumurta
- 2-3 diş sarımsak
- 2-3 çorba kaşığı sirke
- 2-3 çorba kaşığı kaşar veya dil peyniri rendesi
- Tuz, karabiber

YAPILIŞI:

1. Tavuk göğüs eti yıkanarak 2 su bardağı kaynar suya bırakılır. 1 çay kaşığı tane karabiber, dörde bölünmüş bir soğan ve tuz ilâve edilip et yumuşayıncaya kadar yavaş yavaş haşlanır.
2. 25-30 cm^2 büyüklüğünde bir tepsi veya ısıya dayanıklı kap yağlanır. 3 yufka aralarına erimiş yağ sürülerek üst üste konur. Fırında pembe olarak pişirilir. Soğuyunca 2-3 kepçe yağsız tavuk suyu gezdirilir.
3. SOSUN YAPILIŞI: Bir tencerede, un ile yoğurt iyice ezilir. Bir su bardağı yağsız tavuk suyu ilâvesiyle karıştırarak pişirilir. Ilınınca yumurtalar kırılır, tuzla dövülmüş sarımsak ile sirke konup karıştırılır.
4. Tavuk suyu ile yumuşatılmış yufkalar istenen büyüklükte kare şeklinde dilimlenir. Her dilime bir parça tavuk eti konur; biraz yağ gezdirilir. Tuz, karabiber serpilir.
5. Hazırlanan sos dökülüp yayılır. Kaşar rendesi serpilir ve fırında pembe olarak pişirilir.

KONKEN BÖREĞİ

MALZEMELER:

- 2 yumurta (1 yumurta sarısı üzerine ayrılacak)
- 1 kahve fincanı yoğurt
- 1 kahve fincanı zeytinyağı
- 1 küçük paket margarin (125 gr.)
- 1 küçük paket margarin kadar beyaz peynir
- 1 kahve kaşığı kabartma tozu
- Aldığı kadar un
- Susam, çörek otu
- Tuz (Çok az)

YAPILIŞI:

1. Yoğurt, yumurta, zeytinyağı, margarin, kabartma tozu, rendelenmiş peynir, tuz iyice karıştırılır.
2. Aldığı kadar elenmiş un konup orta yumuşaklıkta bir hamur yapılır. Üç parçaya ayrılıp üzeri örtülü olarak 10 dakika dinlendirilir.
3. Her parça 2-3 mm. inceliğinde açılıp 8 parçaya bölünür. (Hepsi 24 parça)
4. Parçalar geniş kenardan başlayıp sarılarak sivri kısım üste gelecek şekilde tepsiye yerleştirilir.
5. Üzerine biraz süt ve zeytinyağı ile karıştırılmış yumurta sarısı sürülüp susam, çörek otu serpilir.
6. Orta hararetli fırında pişirilir.

Not: Peyniri hamura koymayarak maydanozla karıştırıp böreğe iç olarak da koyabilirsiniz.

KOLAY BÖREK

MALZEMELER:

- 2 su bardağı yoğurt
- 3 yumurta
- 1 çay kaşığı kabartma tozu
- Küçük bir kalıp beyaz peynir
- 2-3 çay kaşığı tuz
- Aldığı kadar un
- Kızartmak için ayçiçek veya zeytinyağı (2 su bardağı)

YAPILIŞI:

1. Rendelenmiş peynir, yoğurt, yumurta, tuz ve kabartma tozu karıştırılır.
2. Aldığı kadar elenmiş un ile çok yumuşak bir hamur yapılır.
3. Bolca unlanıp 1 cm. kalınlığında açılır. Üç parmak genişliğinde karelere kesilir.
4. Kızgın yağda hafif sallanarak kızartılır. Fazla yağı çekmesi için kâğıt üzerine çıkarılır.

PATATES SUFLESİ

MALZEMELER:

- 3-4 patates (haşlanmış), 2 su bardağı un
- 1 çorba kaşığı margarin, tuz
- Kızartmak için ayçiçek veya zeytinyağı (1,5 bardak)

YAPILIŞI:

1. Haşlanmış patatesler püre makinasından geçirilir.
2. Elenmiş un, tuz, margarin patates, püresi ile katı yoğrulur.
3. Biraz dinlendirilip unlanarak 3 mm. kalınlığında açılır.
4. Çay bardağı ile kesilip kızgın yağda kızartılır. Fazla yağı çekmesi için kağıt üzerine çıkarılır.

EKMEK SUFLESİ

MALZEMELER:

- 1 tost ekmeği (dilimlenmiş)
- 3 yumurta
- Yarım litre süt
- Yarım su bardağı erimiş yağ
- 4-5 çorba kaşığı rende kaşar
- 1 çay kaşığı tuz-karabiber

YAPILIŞI:

1. Yumurta, yağ, süt, tuz, karabiber iyice karıştırılır.
2. Ateşe dayanıklı dikdörtgen bir kap yağlanır. Bir sıra ekmek dilimi dizilir. Sütlü karışım kaşık kaşık dökülür, kaşar serpilir.
3. Ekmek ve sütlü karışım kat kat yerleştirilir. En üste bolca kaşar serpilip fırınlanır.

TALAŞ BÖREĞİ

MALZEMELER:

- 5 su bardağı un (yarım bardak açma payı ayrılacaktır.)
- 1 Büyük paket margarin (yumuşak, 250 gr.)
- 2 çay kaşığı tuz
- 3 çorba kaşığı yoğurt
- 1 çorba kaşığı sirke
- 3 çorba kaşığı zeytinyağı
- 1 bardaktan az su
- 1 yumurta sarısı (üzeri için)
- Yarım kg. koyun kuşbaşı et (küçük doğranmış)
- 1 kaşık yağ
- 1 kaşık salça
- 1 soğan
- Tuz ve karabiber

YAPILIŞI:

1. Et, küçük doğranmış soğan, yağ ile kavrulur. Salça, konur, biraz karıştırılır. İki bardak kadar su konup et yumuşayıncaya kadar pişirilir. Biraz soğuyunca salçasından süzülür.
2. Dilber böreği hamuru aynen yapılır.
3. Son olarak 3 mm. inceliğinde açılıp 10-12 cm parçalara kesilir.
4. Salçasından süzülen et hamurların ortasına konup bohça gibi kapatılır. Kat yeri alta getirerek tepsiye dizilir. (Et sıcak olmamalıdır.)
5. Üzerine yumurta sarısı sürülüp sıcak fırında pişirilir.

PEYNİRLİ DİLBER BÖREĞİ

MALZEMELER:

- 5 su bardağı un (Yarım bardağı açma payı ayrılacaktır.)
- 1 büyük paket margarin (250 gr.)
- 2 çay kaşığı tuz
- 3 çorba kaşığı yoğurt
- 1 çorba kaşığı sirke
- 3 çorba kaşığı zeytinyağı
- 1 bardaktan az su
- Yarım kalıp beyaz peynir
- Yarım demet maydanoz ve dereotu
- 1 yumurta (Sarısı üzerine sürülecek, akı peynire katılacaktır.)

YAPILIŞI:

1. Un elenir, ortasına yoğurt, sirke, zeytinyağı, tuz konup karıştırılır. Su ilâvesi ile kulak memesi yumuşaklığında bir hamur yapılıp iyice özleştirilir. Nemli bez altında 10-15 dakika dinlendirilir.
2. Hamur bütün olarak 25-30 cm. çapında açılır. Ortasına margarin bütün olarak konup bohça gibi kapatılır. Unlanıp merdane ile yalnız boyuna açılır. (35-40 cm.)

3. Hamurun iki ucu ortaya getirilip, kitap gibi kapatılarak serin bir yerde ve üzeri örtülü olarak 15-20 dakika dinlendirilir.
4. Hamur tekrar unlanıp yine yalnız boyuna açılır. Ve aynı şekilde kitap gibi katlanarak dinlendirilir. Bu işlem iki üç kere daha tekrarlanır.
5. Son olarak enine ve boyuna 3 mm. inceliğinde açılıp 5x8 cm. dikdörtgenlere kesilir. İçlerine peynir, maydanoz, dereotu ve yumurta akı karışımı konup bastırılmadan kapatılır. Tepsiye dizilir.
6. Yumurta sarısı sürülüp sıcak fırında pişirilir.

KIYMALI TEPSİ BÖREĞİ

MALZEMELER:

HAMUR İÇİN:

- 1 su bardağı süt
- Yarım su bardağı sıvı yağ
- 1 yumurta
- 1 çay kaşığı tuz
- 1 çay kaşığı kabartma tozu
- Aldığı kadar un (açmak için 1 su bardağı nişasta)

ÜZERİ İÇİN:

- 1 su bardağı sıvı yağ

BÖREK HARCI İÇİN:

- 150 gr. dana kıyma
- 2 adet kuru soğan
- 1-2 sivri biber
- 1 demet maydanoz
- 1 küçük domates
- Tuz, karabiber

YAPILIŞI:

HAMURUN YAPILIŞI:

1. Bir tencerede 1 bardak süt, yarım bardak sıvı yağ, 1 yumurta, 1 çay kaşığı tuz ve kabartma tozu karıştırılır.
2. Elenmiş un ile orta yumuşaklıkta bir hamur yapılır. 24 parçaya ayrılır.

3. Hamur parçaları nişasta ile 10-12 cm çapında açılıp araları tekrar nişastalanır ve 12 adedi üst üste konarak iki grup yapılır.
4. Hamur grupları 35-40 cm. çapında açılıp, birinci parça yağlanmış tepsiye yerleştirilir.
5. Üzerine kıymalı harç konduktan sonra diğer parça üzerine kapatılır ve hafifçe bastırılır.
6. Börek istenilen şekilde dilimlenir. Üzerine 1 su bardağı az kızdırılmış sıvı yağ kaşık kaşık dökülür
7. Orta ısılı fırında pembe renkte pişirilir.

KIYMALI BÖREK HARCININ YAPILIŞI:

1. Küçük doğranmış soğan, biber ve maydanoz sapları 2 kaşık yağ ile hafifçe kavrulur.
2. Kıyma ilâve edilir, daha sonra domates rendelenir. Suyunu çekince ateşten alınıp tuz, karabiber ve doğranmış maydanoz yaprakları konur, karıştırılır.

ÇUBUK BÖREĞİ

MALZEMELER:

- 5 su bardağı un (yarım bardağı açma payı ayrılacaktır.)
- 1 büyük paket margarin (250 gr.)
- 2 çay kaşığı tuz
- 3 çorba kaşığı yoğurt
- 1 çorba kaşığı sirke
- 3 çorba kaşığı zeytinyağı
- 1 bardaktan az su
- 1 yumurta sarısı (üzeri için)
- 1 su bardağı kaşar peyniri rendesi

YAPILIŞI:

1. Dilber böreği hamuru aynen yapılır.
2. Son olarak 3 mm. inceliğinde açılıp hamurun yarısına rende kaşar serpilir. Hamurun diğer yarısı üzerine kapatılıp merdane ile yavaş yavaş bastırarak yarım cm. kalınlığında açılır.
3. Hamur ruleti veya bıçakla 1,5 parmak genişliğinde kesilip her şerit 8-10 cm. boyunda parçalara bölünür.
4. Tepsiye dizilip üzerine yumurta sarısı sürülür. Sıcak fırında pişirilir.

SARIYER BÖREĞİ

MALZEMELER:

- 5 su bardağı un (yarım bardağı açma payı ayrılacaktır)
- 5 çorba kaşığı margarin (yumuşak)
- 2 çay kaşığı tuz
- 3 çorba kaşığı yoğurt
- 1 çorba kaşığı sirke
- 6-7 çorba kaşığı zeytinyağı (3 kaşık hamura)
- Yarım demet maydanoz ve dereotu
- 1 yumurta (sarısı üzerine, akı peynire konulacak)
- Yarım küçük kalıp beyaz peynir.

YAPILIŞI:

1. Un elenir, ortasına yoğurt, sirke 3 kaşık zeytinyağı, tuz konup karıştırılır. Bir bardaktan az su ile kulak memesi yumuşaklığında yoğrulup özleştirilir. 15-16 parçaya bölünür ve yaş bez altında dinlendirilir.
2. Yağ çok hafif ateşte yarım eritilir. Sonra karıştırarak krem gibi beyazlatılır.
3. Her parça 10 cm. çapında açılır. Parçalar, hazırlanan yağ ile yağlanıp tek tek bohça gibi katlanır. (Kat araları da yağlanır.) Yaş bez altında 15-20 dakika dinlendirilir. (İstenirse bu işlem bir kere daha tekrarlanır.)
4. Parçalar tekrar incecik açılır. Üzerine zeytinyağı sürülür. Peynirli iç konup iki kenar peynirin üzerine kapatılır. Sonra 3 parmak genişliğinde gevşek olarak sarılıp tepsiye dizilir.
5. Üzerine yumurta sarısı sürülüp sıcak fırında pişirilir.

KATMERLİ MUSKA BÖREĞİ

(Peynirli)

MALZEMELER:

- 1 su bardağı süt-su karışımı
- 1 çay bardağı sıvı yağ
- 2 yumurta (Bir yumurta hamura, 1 ak peynire, sarısı üzerine)
- 2 çay kaşığı tuz
- 1 çay kaşığı kabartma tozu
- 1 çorba kaşığı sirke
- Aldığı kadar un
- Hamuru katmerlemek için: 1 büyük paket margarin (250 gr.)

PEYNİRLİ HARÇ: Küçük bir kalıp beyaz peynir, yarım demet maydanoz

YAPILIŞI:

1. Tencereye süt, su, sıvı yağ, 1 yumurta, tuz, kabartma tozu, sirke konup karıştırılır. Elenmiş un ile kulak memesi yumuşaklığında özlü bir hamur yapılır. 6 parçaya ayrılır. Üzeri örtülerek 10-15 dakika dinlendirilir.
2. Hamurlar hafif unlanarak açılabildiği kadar açılır, üzerine erimiş margarin sürülüp bohça şeklinde katlanır. Kat araları da yağlanır. Üzerleri örtülerek buzdolabında donmaya bırakılır.
3. İki bohça üst üste konur. Unlanarak merdane ile 27-30 cm^2 kadar büyütülür. Enine ve boyuna üçe kesilerek 9 parça elde edilir. (Toplam: 27 börek)
4. Parçaların ortasına peynir, maydonoz, yumurta akı karışımı konup üçgen şeklinde katlanır. Tepsiye dizilip yarım çorba kaşığı süt karıştırılmış yumurta sarısı sürülür. İstenirse çörek otu serpilir, ısıtılmış fırında pişirilir.

SÜTLÜ EKMEK

MALZEMELER:

- 1 çorba kaşığı yaş bira mayası
- 1-1,5 su bardağı süt
- Yarım çorba kaşığı şeker
- 1-2 kahve kaşığı tuz
- 2 çorba kaşığı margarin
- 4-5 su bardağı un

YAPILIŞI:

1. Süte şeker ve yaş bira mayası konup eritilir.
2. Elenmiş un, tuz, erimiş yağ konup yoğrulur.
3. Üzeri örtülü olarak ılık bir yerde iki misli oluncaya kadar mayalandırılır.
4. İki yumurta büyüklüğünde parçalara ayrılıp yuvarlak şekillenir. Ve tepsiye dizilir. Bir süre daha mayalandırılır.
5. Üzerine süt sürülüp orta hararetli fırında pişirilir.
6. Fırından çıkınca bir tencereye alınıp üzeri örtülür. (Yumuşak olması için.)

Not: 1971 yılı araştırmalarına göre, 3 büyük ilimiz Ankara, İstanbul, İzmir'de bir günde 41.000 kg. ekmek atılmaktadır. (Yılda yaklaşık olarak 14.000 ton) Bir yılda atılan ekmek bedeli 13 milyon lirayı bulmaktadır. Bu miktar ekmek, toplam nüfusumuzun yarısını bir günde besleyebilir. Bu bakımdan bayat ekmekleri, köftede, papara yaparak, yumurtaya batırıp kızartarak, kurutup galeta unu olarak değerlendiriniz.

MAYONEZLİ PEYNİRLİ KANEPE

MALZEMELER:

- Yarım kahve fincanı süt
- 3 çorba kaşığı mayonez
- 2 kibrit kutusu kadar peynir
- 2 kahve kaşığı konserve salça
- Tuz ve karabiber
- 1 salatalık turşusu
- 2-3 baston sandviç

YAPILIŞI:

1. Bir kâsede peynir çatalla iyice ezilir. Mayonez, salça, çok ince kıyılmış salatalık turşusu konup karıştırılır.
2. Yavaş yavaş süt ilave edilir.
3. Sandviçler bir parmak eninde dilimlenir. Hazırlanan karışım sürülüp zevke göre süslenir.

Not: Karışıma ince kıyılmış 1-2 katı pişmiş yumurta ve 1-2 çay kaşığı biber salçası da konup lezzeti artırılabilir.

TARATORLU KANEPE

MALZEMELER:

- Yarım su bardağı ceviz içi
- 1 kahve fincan tahin
- 1-2 diş sarımsak
- 1 çay kaşığı kırmızı biber
- Yarım limon suyu
- 1 avuç maydanoz yaprağı
- 2 baston sandviç
- Tuz

YAPILIŞI:

1. Sarımsak tuzla dövülüp bir kaseye konur.
2. Makinadan çekilmiş ceviz, tahin, kırmızı biber ilave edilir.
3. Yavaş yavaş limon suyu sonra da kıyılmış maydanoz konup karıştırılır.
4. Baston sandviç bir parmak eninde dilimlenir. Üzerine hazırlanan karışım sürülür. Zevke göre süslenir.

Not: Başka bir terkip: 1 avuç ince bulgur ile bir avuç bayat ekmek içi ıslatılıp sıkılır. Buna 1 soğan rendesi, 2-3 diş dövülmüş sarımsak, 1,5 avuç dövülmüş ceviz içi, tuz, karabiber, kırmızı biber, kimyon, 1 çorba kaşığı konserve salça, 5 çorba kaşığı zeytinyağı, 1 limon suyu konup karıştırılır. Dilimlenmiş sandviçlere sürülür.

ANÇUEZLİ KANEPE

MALZEMELER:

- 3 çorba kaşığı ançüez (ezme)
- 2 çorba kaşığı margarin (yumuşak)
- 2 yumurta sarısı (katı pişmiş)
- 1-2 çay kaşığı krem hardal
- 1 limon suyu
- 2 baston sandviç
- Tuz

YAPILIŞI:

1. Bir kasede yumurta sarıları ezilir. Ançüez, yağ, hardal konup iyice karıştırılır.
2. Yavaş yavaş limon suyu katılır.
3. Baston sandviç bir parmak eninde dilimlenir. Hazırlanan karışım sürülüp maydanoz yaprağı, kırmızı turp, domates vs. ile süslenir.

Not: Başka bir terkip: 4 patates haşlanıp rendelenir. 2-3 diş dövülmüş sarımsak, tuz, kimyon, kırmızı biber, 1 fincan zeytinyağı ve 1 limon suyu katılıp karıştırılır. Dilimlenmiş sandviçlere sürülür.

TAHİNLİ KANEPE

MALZEMELER:

- 1 çay bardağı tahin
- 1 çay bardağı limon suyu
- 1 çay kaşığı kırmızı biber
- 1 çay kaşığı kimyon
- 3 diş sarımsak
- 2-3 baston sandviç
- 3-4 salatalık turşusu
- 1 çay kaşığı tuz

YAPILIŞI:

1. Bir kaseye tahin, tuzla dövülmüş sarımsak, kırmızı biber, kimyon konur.
2. Azar azar limon suyu katılıp karıştırılır.
3. Baston sandviçler bir parmak eninde dilimlenir. Hazırlanan karışım sürülüp üzerleri salatalık turşusu ile süslenir.

PEYNİRLİ SARIMSAKLI KANAPE

MALZEMELER:

- 3-4 kibrit kutusu kadar beyaz peynir
- 2 diş sarımsak
- 1 limon
- 1 kahve kaşığı kırmızı biber
- 3-4 çorba kaşığı zeytinyağı
- 2 adet baston sandviç

YAPILIŞI:

1. Peynir çatalla iyice ezilir. Dövülmüş sarımsak, biber zeytinyağı ve limon suyu karıştırılır.
2. Baston sandviç bir parmak genişliğinde dilimlenir.
3. Hazırlanan karışım sürülür. Maydanoz yaprağı, domates, zeytin vs. ile süslenir.

BÖLÜM 7

Reçel, Marmelat, Likör, Kokteyl Çeşitleri İçecekler, Dondurma ve Şekerlemeler

ÇİLEK REÇELİ

(Vişne, Kiraz)

MALZEMELER:

- 1 kg. çilek
- 5-6 su bardağı şeker
- 1 çay kaşığı limon tuzu veya 1 limon suyu

YAPILIŞI:

1. Çilek ayıklanmadan içinde su bulunan kaba konur ve bir kaç kere çalkalanır. İki avuçla başka suya aktarılıp kumlarından temizleninceye kadar yıkanır, süzülür.
2. Sonra ayıklanıp bir kat çilek, bir kat şeker olarak tencereye yerleştirilir. Bir gece veya 4-5 saat bekletilir.
3. Orta ateşte hiç su koymadan kaynatılır. Kıvama gelince üzerinde biriken köpükler alınır. Limon tuzu veya limon suyu ilâve edilip ateşten alınır.

Not:

1. Vişne ve kiraz reçeli de aynı şekilde yapılır.
2. Reçelin şekerlenmemesi için, limon tuzunu veya Limon suyunu yeteri kadar koyunuz, çok karıştırmayınız ve şurubunu az su ile kaynatmayınız.

Kısa Bilgi: *Çilek çocukların solucanlarını düşürmesinde faydalıdır.*

AYVA REÇELİ

MALZEMELER:

- 1 kg. ayva
- 5-6 su bardağı şeker
- 1 çay kaşığı limon tuzu veya 1 limon suyu

YAPILIŞI:

1. Ayva dilimlenip soyulur. Ortası çıkarılıp istenen biçimde doğranır. Kabuklar ve ortaları 2-3 bardak su ile kaynatılıp suyu alınır.
2. Ayvalar bu su ile yumuşayıncaya kadar iyice haşlanır. (Suyu süzülmez.)
3. Sonra şeker konup kıvama gelinceye kadar yavaş yavaş kaynatılır. Limon tuzu veya limon suyu ilâve edilir ve ateşten alınır. Ilıyınca kavanozlara boşaltılır.

Not:

1) Reçelin kıvamı şöyle anlaşılır: Bir çorba kaşığı reçel suyu tabağa konur. Biraz soğuyunca tabak sağa sola eğilir. Eğer çabuk akıyorsa reçel suludur, kaynatmağa devam edilir.
2) Ayva reçelinin renginin pembe olması için yavaş yavaş kaynatmalıdır.

AYVA KOMPOSTOSU

MALZEMELER:

- 1 kg ayva
- 2 su bardağı şeker
- 1 limon suyu

YAPILIŞI:

1. Ayva yıkanır, soyulur, ortaları çıkarılır. Kabuklar ve orta kısımlar 4-5 bardak su ile kaynatılıp suyu alınır.
2. Dilimlenmiş ayvalara katılıp çok yumuşamadan haşlanır.
3. Şeker ilâve edilip bir süre daha yavaş yavaş kaynatılır. Ateş kapatılır. Kapağı kapalı olarak bekletilir.

KAYISI REÇELİ

(Kızılcık, Erik, Şeftali)

MALZEMELER:

- 1 kg. kayısı (şekerpare)
- 5-6 su bardağı şeker
- 1 çay kaşığı limon tuzu veya 1 limon suyu

YAPILIŞI:

1. Kayısılar yıkanıp bölünmeden çekirdekleri çıkarılır.
2. Şeker 3 bardak su ile kaynatılıp iyice koyulaştırılır.
3. Hazırlanan kayısılar bütün olarak ilâve edilip yavaş yavaş kaynatılır. Ateş kapatılıp bir gün suyunda bekletilir. Sulanmışsa biraz daha kaynatılıp limon suyu ilâve edilir. Ilıyınca önce taneleri kavanoza konur sonra suyu ilâve edilir.

Not:

1) Kayısılar şurubunda bir taşım kaynatıldıktan sonra limon suyu katılıp cam veya emaye bir kaba alınır. Üzerine tülbent örtülür ve güneşte kıvamı koyulaştırılır.
2) Kızılcık, erik, şeftali reçeli de aynı şekilde yapılır. Yalnız şeftali sert olmalı, dilimlenip kabukları soyulmalıdır.

Kısa Bilgi:

1. *Erik bağırsakları yumuşatır.*
2. *Şeftalinin çiçek ve yaprakları kaynatılarak içilirse bağırsak solucanları düşer.*

PORTAKAL REÇELİ

MALZEMELER:

- 4-5 kalın kabuklu yafa portakal
- 5-6 su bardağı şeker
- 1 çay kaşığı limon tuzu veya 1 limon suyu

YAPILIŞI:

1. Portakalların kabuğu en ince rende ile rendelenir, yıkanır.
2. Bol su ile haşlanır. Suyu 1 kere değiştirilir.
3. Soğuyunca boyuna dörde bölünüp bir parmak genişliğinde dilimlenir.
4. Tencereye bir kat portakal, bir kat şeker olarak yerleştirilir, hafif ateşte kaynatılır.
5. Kıvamına gelince üzerinde biriken köpük alınır. Limon tuzu veya limon suyu konup bir süre daha kaynatılıp ateşten alınır. Ilıyınca kavanozlara boşaltılır.

Not: Reçelin kıvamı şöyle anlaşılır: Bir çorba kaşığı reçel suyu tabağa konur. Biraz soğuyunca tabak sağa sola eğilir. Eğer çabuk akıyorsa reçel suludur; kaynatmaya devam edilir.

***Kısa Bilgi:** Kan portakalı, vişneyi portakala aşılamakla yetişir.*

AMBER REÇELİ

MALZEMELER:

- 1 elma
- 1 portakal
- 1 limon
- 1 greyfurt
- 1 mandalina
- Şeker

YAPILIŞI:

1. Meyveler yıkanır. Dörde bölünüp çekirdekleri çıkarılır. Greyfurt ile elma soyulur. Diğerleri kabuklu olarak ince dilimlenir.
2. Bu karışık meyve kâse ile ölçülür. Ne kadar gelmişse o ölçüde şekerle tencereye kat kat yerleştirilir.
3. Hiç su koymadan bir gece veya 4-5 saat bekletilir.
4. Orta ateşte yavaş yavaş kaynatılır. Kıvamı olunca ateşten alınır.

***Kısa Bilgi:** Limon, portakal, mandalina ve greyfurt en çok "C" vitamini bulunan meyvelerdir. Greyfurta yararlılık bakımından "Altıntop" da denmektedir.*

MARMELATLAR

(Ayva, Elma, Erik, Kayısı, Şeftali, Kızılcık, Vişne)

MALZEMELER:

- 1 kg. meyve
- 3,5-4 su bardağı şeker
- 1 çay kaşığı limon tuzu veya 1 limon suyu

YAPILIŞI:

1. Sert meyveler yıkanıp doğranarak az su ile haşlanır. (Ayva, elma, sert erik vs.)
2. Kevgirden geçirilip şeker ilâve edilir. Karıştırarak rengi ve kıvamı oluncaya kadar hafif ateşte pişirilir. Limon tuzu veya limon suyu konur. Bir süre daha pişirilir.
3. Yumuşak meyveler yıkanıp ayıklanır. Kevgirden geçirilip şeker konur. Hafif ateşte karıştırarak kıvama getirilir. Limon suyu veya limon tuzu konur.

Kısa Bilgi: *"C" Vitamini damar sertliğini önlüyor. Ne kadar çok "C" vitamini alırsanız kandaki kolestrol o derece azalıyor.*

PORTAKAL KABUĞU MARMELATI

MALZEMELER:

- 3 su bardağı portakal kabuğu püresi (kalın kabuklar tercih edilmeli)
- 4 su bardağı şeker
- 1-2 çay kaşığı limon tuzu veya 1 limon suyu

YAPILIŞI:

1. Portakal kabukları yıkanıp bir kaç gün suda bırakılır.
2. Haşlanıp süzülür.
3. Fındık makinasından çekilir.
4. Şeker katılıp karıştırarak yavaş ve uzun süre pişirilir. Limon tuzu veya limon suyu ilâve edilip ateşten alınır. (Portakal suyu da katılabilir.)

Not:

PORTAKAL KABUĞU REÇELİ İÇİN:

Kalın yafa kabuklarını dilimleyerek, haşlayınız. Suyunu süzüp kâse ile kabukları ölçünüz. Kabukların 1,5 misli şekeri az su ile kaynatıp sonra haşlanmış kabukları koyunuz. Koyulaşınca 1-2 portakal suyu ve az miktarda limon tuzu veya limon suyu katıp 5-10 dakika sonra ateşten alınız.

GREYFURT KABUĞU REÇELİ İÇİN:

Kabukları iki gün suda bırakınız. Birkaç kere suyunu değiştiriniz. Haşlayıp suyunu süzünüz. Kabukların 1,5 misli şekeri az su ile kaynatıp koyulaştırınız. Kabukları koyup yavaş yavaş pişiriniz. İneceğine yakın limon tuzu veya limon suyu ve greyfurt suyu ilâve edip 5-10 dakika sonra ateşten alınız.

PORTAKAL/MANDALİNA LİKÖRÜ

(Muz, Çilek, Vişne vs.)

MALZEMELER:

- Yarım litre 90 derecelik alkol
- 5 portakal veya 6-7 mandalina
- 2,5 su bardağı şeker

YAPILIŞI:

1. Meyve yıkanır. Dört parçaya bölünüp kavanoza yerleştirilir.
2. Üzerine alkol konup kapak kapatılır. 15 gün açmadan bekletilir.
3. Meyveler alkolden sıkılmadan alınır. (Bulanık olmaması için.)
4. Şekerli su kaynatılıp şurup yapılır. Soğuyunca meyveli alkole katılır.
5. Tülbentten süzülüp şişelere boşaltılır.

Not:

1) Muz, çilek, vişne likörleri de aynı yapılır. Meyveler alkolde bekletilirken istenirse 1-2 tane çubuk tarçın da konabilir.
2) Alkolden alınan meyveler sıkılarak elde edilen meyveli alkol, tatlı ve pastalarda kullanılabilir.

***Kısa Bilgi:** Alkol karaciğeri çok yorduğu için vücudun direncini azaltır. Alkolün grip gibi soğuktan ileri gelen rahatsızlıkları önleyici bir özelliği de yoktur.*

ALKOLSÜZ VİŞNE LİKÖRÜ

MALZEMELER:

- 1 kg. olgun vişne
- Yarım kg. şeker (2,5 su bardağı)
- 1 çay kaşığı karanfil (tane)
- 2-3 çubuk tarçın

YAPILIŞI:

1. Vişne yıkanıp süzülür. Sapları çıkarılıp kavanoza bir kat şeker bir kat vişne olarak yerleştirilir.
2. Kapak kapatılır. Kavanoz güneşe konur. Vişne suyunu bırakınca tarçın ve karanfil atılır. Kavanoz ara sıra sallanır.
3. Altı ay kadar bekletilir. Süzülüp şişelere doldurulur. Bekleme süresince alkol kendiğinden meydana gelir, keskinleşir.

YAPILIŞI:

Kokteyl kabına önce buz, sonra diğerleri konur. Karıştırılır. Kadehlere boşaltılıp servis yapılır.

KOKTEYL: GECE YARISI BOĞAZİÇİ

- 1 fincan portakal likörü
- 1 fincan konyak
- 1 fincan limon suyu
- Buz

KOKTEYL: UZAY 1999

- 1 fincan portakal likörü
- Yarım fincan greyfurt suyu
- Yarım fincan cin
- Buz

KOKTEYL: SİDE AKŞAMLARI

- 2 fincan vermut
- 2 fincan votka
- 2 fincan muz likörü
- Yarım fincan limon suyu
- Buz

KOKTEYL: UÇAK KEYFİ

- Yarım fincan cin
- 3-4 çay kaşığı limon suyu
- 4 çay kaşığı portakal likörü
- 3-4 damla nane likörü

KOKTEYL: SAFİNAZ

- Yarım fincan cin
- Yarım fincan sek vermut
- Üzerine bir yeşil zeytin

KOKTEYL: ANNE BUSESİ

- 1 fincan cin
- 1 çay kaşığı süzülmüş bal
- 1/4 limon suyu
- Buz

KOKTEYL: MELEK VE ŞEYTAN

- 1 fincan nar suyu
- 1 fincan konyak
- 1 fincan muz likörü

(Birbirine karışmıyacak şekilde yavaş yavaş, kat kat konur. Kamışla verilir.)

KOKTEYL: ARMAĞAN

- Yarım fincan şeker
- 1 fincan limon suyu
- 1 fincan portakal suyu
- 3 fincan viski
- Buz

KRAL İÇİN KOKTEYL

- 1 fincan krem şanti
- 1 fincan kakao likörü
- 1 fincan konyak veya cin

(Kadehe boşaltılır. Üzerine ince rendelenmiş çikolata serpilir. Kamışla verilir.)

BOL

MALZEMELER:

- 2 portakal
- 2 elma
- 2 mandalina
- 2 limon
- 2 muz
- 1 kahve fincanı portakal likörü
- 1 kahve fincanı konyak
- 1 şişe beyaz şarap
- 1 çorba kaşığı şeker
- 3 şişe soda
- Buz

YAPILIŞI:

1. Meyveler yıkanıp soyulur, küçük küçük doğranır.
2. Bol kabına konur. Üzerine şeker ve limon suyu serpilir.
3. Portakal, muz likörü ve konyak ilâve edilip kapak kapatılır. 3-4 saat bekletilir.
4. İkramdan önce soğuk şarap, soda ve buz katılıp karıştırılır.

Not: Şarap yerine şampanya da konabilir.

SOĞUK SÜTLÜ İÇECEKLER

Bütün malzemeler karıştırılıp çırpılır.
(Elektrikli karıştırıcı ile daha kolay ve güzel olur.)

MUZLU SÜT

- 2 bardak süt
- 2 muz
- 1 çorba kaşığı şeker
- 4-5 parça buz

KAHVELİ SÜT

- 2 bardak süt
- 1 porsiyon kaymaklı veya vanilyalı dondurma
- 1 tatlı kaşığı Nescafe
- 1 çorba kaşığı şeker
- 4-5 buz

KAYISILI SÜT

- 2 bardak süt
- Kabuğu ve çekirdeği çıkarılmış 4-5 kayısı
- 2 çorba kaşığı bal
- Üzerine 2 ince dilim limon
- 4-5 parça buz

ŞEFTALİLİ SÜT

(Çilek de aynı hazırlanır.)

- 2 bardak süt
- 2 taze veya konserve şeftali (çekirdeksiz ve kabuksuz)
- 1 çorba kaşığı şeker
- 4-5 buz

ANANASLI SÜT

- 2 bardak süt
- 1 yumurta
- 1 çorba kaşığı bal
- 2 ananas dilimi (taze veya konserve)
- 4-5 buz

ÇİKOLATALI SÜT

- 2 bardak süt
- 1 yumurta
- 2 çorba kaşığı şeker
- 1 çorba kaşığı kakao
- 4-5 buz

Kısa Bilgi: *Süt sağlığın ve güzelliğin en büyük yardımcısıdır. Çiğ süt kaymağı cilde sürüldükten sonra 15 dakika rahatça uzanmalı, sonra limonlu su ile yüz yıkanmalıdır.*

ALKOLSÜZ SOĞUK İÇECEKLER

LİMONLU SODA

- 1 limon suyu
- 1 çorba kaşığı şeker
- 1 soda
- 2 parça buz

VİŞNELİ SODA

- Yarım bardak vişne suyu
- Yarım bardak nar suyu
- 1-2 çorba kaşığı mandalin suyu
- 1 soda
- 2 parça buz

DONDURMALI SODA

- 1 çorba kaşığı meyveli dondurma
- 1 çorba kaşığı aynı dondurmanın likörü
- Kadeh doluncaya kadar soda

LİMONLU DOMATES SUYU

- 1 kadeh domates suyu
- 1 çorba kaşığı limon suyu
- Yarım çorba kaşığı kereviz suyu
- Tuz, karabiber
- Buz

FİZLER

AMERİKAN FİZ

- 3 çorba kaşığı limon suyu
- 3 çorba kaşığı konyak
- 3 çorba kaşığı cin
- 1 tatlı kaşığı nar suyu
- Kadeh doluncaya kadar soda

CİN FİZ

- 1/4 kadeh cin
- 1/4 limon suyu
- 1 çay kaşığı şeker
- Kadeh doluncaya kadar soda

ROYAL FİZ

- 1 yumurta sarısı
- 1 tatlı kaşığı nar suyu
- 1 kadeh cin
- Bardak doluncaya kadar soda

Not: Reçeteler bir dakika çırpılır. Viski kadehi ile servis yapılır.

FİLİPLER

BRANDY FİLİP

- 2 parça buz
- 1 yumurta sarısı
- 1 çay kaşığı şeker
- Yarım kadeh konyak
- Hindistin cevizi rendesi

(Çırpılıp pipetle servis yapılır.)

ŞOKOLA FİLİP

- 2 parça buz
- 1 yumurta sarısı
- 2 tatlı kaşığı kakao
- 1 tatlı kaşığı pudra şeker
- 1/4 kadeh muz likörü
- 3/4 kadeh elma şarabı

(Çırpılıp, pipetle servis yapılır.)

İNGİLİZ PUNÇ

- 2 çay kaşığı şeker
- 2 çorba kaşığı portakal likörü
- 2 likör kadehi viski
- 2 çorba kaşığı turunç likörü
- 1-2 ince portakal dilimi

(Hepsi iyice karıştırılır. Bardağın geri kalan kısmı kaynar su ile doldurulur. Pipetle servis yapılır.)

ŞURUPLAR

GÜL ŞURUBU

MALZEMELER:

- 15-20 adet kokulu pembe gül
- 5-6 kahve kaşığı limon tuzu
- 5-6 gelincik

YAPILIŞI:

1. Gülün beyaz, gelinciğin siyah dipleri kesilir, yıkanır.
2. Bir kavanoza doldurulup limon tuzu konur. Üzerine su doldurulur. Kapak kapatılıp 1-1,5 ay bekletilir.
3. Kullanılacağı zaman: 1 bardak suya 1,5 çorba kaşığı esas olmak üzere şekerli su hazırlanır. İstenen oranda gül şurubu ilâve edilir. Karıştırılıp buz atılır.

KIZILCIK ŞURUBU

(Vişne, Çilek, Nar, Böğürtlen, Koruk, Portakal)
yazlık-kışlık

MALZEMELER:

- 1 kg. kızılcık
- 1 kg. şeker
- 2 limon

YAPILIŞI:

1. Kızılcık yıkanır ve ezilir. Suyu süzülür.
2. Şeker iki bardak su ile koyu şurup yapılır. Kızılcık ve limon suyu konup 1-2 taşım kaynatılır.
3. Ilıyınca kavanozlara konur.
4. Kullanılacağı zaman istenen oranda sulandırılır.

Not:

1) Şurup hemen ikram edilecekse kaynatılmaz. Meyve yıkanır, ayıklanıp ezilir. Süzgeçten geçirilir. Şeker ve limon suyu katılıp karıştırılır. İstenen oranda sulandırılıp ikram edilir.
2) Vişne, çilek, nar, böğürtlen, koruk, portakal gibi meyvelerin şurupları da aynı şekilde yapılır.

LİMONATA

MALZEMELER:

- 1 su bardağı şeker
- 7 bardak su
- 4 limon

YAPILIŞI:

1. Limonlar yıkanıp ince rendelenir. Şekerle iyice ovulup limon suyu ve su konup karıştırılır.
2. Süzülüp soğutulur.
3. Limonata, vitamin değerini kaybetmemesi için yapıldıktan sonra bekletilmeden içilmelidir.

Not: 1 bardak limonata için, 1,5 çorba kaşığı şeker, yarım limon hesap edilir.

BOZA

MALZEMELER:

- 3 su bardağı bulgur
- 2,5 su bardağı şeker
- 1 paket vanilya
- 1 çay bardağı boza (maya için)

YAPILIŞI:

1. Bulgur ayıklanıp yıkanır. Bol su ile bir gece veya 4-5 saat bekletilir.
2. Ezilinceye kadar haşlanıp kaşık yardımı ile tel süzgeçten geçirilir.
3. 4-5 kaşık şeker ve maya olarak 1 çay bardağı boza karıştırılır. Ilık bir yerde 2-3 gün mayalandırılır. (Boza koymadan da kendi kendine mayalanır; ancak süre daha uzun olur.)
4. Mayalanma süresince sık sık karıştırmak gerekir. Aksi halde tadında acıma olur.
5. Kokusu ve ekşiliği istenen duruma gelince şekerin tamamı ve vanilya konur, karıştırılıp buz dolabında muhafaza edilir.
6. Tarçın serperek ve tuzsuz sarı leblebi ile ikram edilir.

Not: Boza; porselen, cam veya emaye kapta mayalandırılmalı ve muhafaza edilmelidir.

Kısa Bilgi: *Boza B grubu vitamin kaynağıdır.*
B vitaminleri yağların sindirimini kolaylaştırdığı için ishallerin meydana gelmesini önler. Ayrıca sinirleri dinlendirir, cilt sağlığını ve tırnakların kırılmamasını sağlar.

TÜKENMEZ

MALZEMELER:

- 3 ayva
- 3-4 elma
- 3-4 armut
- 1 kg. muşmula (döngel)
- 1 kg. taze üzüm (veya 2-3 avuç kuru üzüm)
- 1,5 bardak şeker
- 20-25 bardak su

YAPILIŞI:

1. Meyveler yıkanır. Muşmula ve üzüm taneleri bütün, ayva, elma ve armut kabuklu olarak dilim dilim kesilir. Hepsi karıştırılır.
2. Musluklu bir küp veya bidona bir kat meyve, bir kat şeker olarak yerleştirilir.
3. En üste tülbentle çıkılanmış küçük bir parça ekmek konur. 20-25 bardak su doldurulur. Ağzı kapanır. Küp ara sıra sallanır. 15-20 gün sonra içilebilir.

Not:

1) Tükenmezin olması, bulunduğu yerin ısısına göre değişir.
2) Suyu azaldıkça üzerine su ve şeker konur.

KAYMAKLI DONDURMA

MALZEMELER:

- 1 litre süt
- 1 paket salep (10 gr.)
- 1 kahve kaşığı patates nişastası
- 1,5 su bardağı şeker
- 2-3 parça damla sakızı

YAPILIŞI:

1. Bakır bir tencereye şeker, salep, nişasta, dövülmüş sakız konur. Yavaş yavaş süt katarak karıştıra karıştıra pişirilir.
2. Ara sıra karıştırarak soğutulur ve 10-15 dakika çırpılır.
3. Buz kalıplarına boşaltılıp buzlukta ara sıra karıştırarak dondurulur. (Buzdolabını en soğukta çalıştırmak gerekir.)

VANİLYALI DONDURMA

(Fındıklı,Fıstıklı, Kokteyl meyveli)

MALZEMELER:

- 1 litre süt (kaynar)
- 1,5 su bardağı şeker
- 3 yumurta
- 1 çorba kaşığı patates nişastası
- Limon kabuğu rendesi
- Vanilya (1 paket)

YAPILIŞI:

1. Bakır bir tencereye yumurta, şeker, nişasta, limon kabuğu rendesi konup süt katarak ezilir. Sonra kaynar sütün tamamı ilâve edilip karıştırarak pişirilir. (Çok kaynatılmaz, kesilir.)
2. Karıştırarak soğutulur. Vanilya konur. 10 dakika kadar çırpılır. Buz kalıplarına boşaltılıp buzlukta dondurulur. (Ara sıra karıştırarak buzlaşması önlenmelidir.)

Not: Vanilyalı dondurmaya kavrulmuş ve dövülmüş fındık, iç yeşil fıstık, küçük doğranmış meyve şekerlemesi konarak lezzeti ve görünümü değiştirebilir.

ÇİKOLATALI DONDURMA

MALZEMELER:

- 1 litre süt
- 1,5 su bardağı şeker
- 3 yumurta
- 1 çorba kaşığı nişasta
- 1-2 çorba kaşığı kakao
- Limon kabuğu rendesi
- 1 paket vanilya
- 1 dilim sütsüz çikolata (50 gr.)

YAPILIŞI:

1. Bakır bir tencerede şeker, yumurta, nişasta, kakao, limon kabuğu rendesi karıştırılır.
2. Kaynar süt yavaş yavaş ilâve edilip karıştırarak pişirilir. (Çok kaynatılmaz kesilir.)
3. Karıştırarak soğutulur. Vanilya ve rendelenmiş çikolata konur. 10 dakika kadar çırpılır.
4. Buz kalıplarına boşaltılıp buzlukta dondurulur. Ara sıra karıştırılır. (Buzdolabını en soğukta çalıştırmak gerekir.)

KAVUN DONDURMASI

MALZEMELER:

- 1 kg. kokulu kavun
- Yarım su bardağı şeker
- 4 yumurta akı
- Yarım limon suyu

YAPILIŞI:

1. Kavun kesilip kabuk ve çekirdekleri çıkarılır. Küçük küçük doğranır. Şeker, yumurta akı, limon suyu ile iyice ezilir, çırpılır. (Elektrikli karıştırıcı ile daha kolay olur.)
2. Buz kalıplarına boşaltılıp buzdolabının en soğuk ayarında ve buzlukta dondurulur. (Ara sıra karıştırmak gerekir.)

MUZLU DONDURMA

MALZEMELER:

- 7-8 muz
- Yarım limon suyu
- 4 yumurta akı
- 1 paket vanilya
- Yarım su bardağı şeker

YAPILIŞI:

1. Muz soyulup, küçük doğranır. Şeker, yumurta akı, limon suyu ve vanilya ile iyice ezilir. 10 dakika kadar çırpılır.
2. Buz kalıbına boşaltılıp buzdolabının buzluğunda ve en soğuk ayarda dondurulur. (Ara sıra karıştırılır.)

Not: Muzlu dondurma yalnız ikram edildiği gibi, üzerine krem şanti sıkılarak ve pastaların yanında da sunulur.

VİŞNELİ DONDURMA

(Çilek, Kayısı, Şeftali)

MALZEMELER:

- 2 su bardağı şeker
- 500 gr. vişne
- 3 yumurta akı
- 2 bardak su

YAPILIŞI:

1. Vişne yıkanıp ayıklanır. İyice ezilip kaşıkla bastırırak tel süzgeçten geçirilir.
2. Şeker ile yumurta akı ovulup vişne suyu ve su konup karıştırılır.
3. Buz kalıplarına boşaltılıp buzdolabının buzluğunda dondurulur. (Buzdolabını en soğukta çalıştırmalı ve ara sıra karıştırmalıdır.)

Not: Çilek, kayısı, şeftali dondurmaları da aynı şekilde yapılır.

LİMONLU DONDURMA

(Portakallı Dondurma)

MALZEMELER:

- 2 su bardağı şeker
- 5 limon
- 3 yumurta akı
- 3 bardak su

YAPILIŞI:

1. Limonlar yıkanır, ince rendelenir. Limon kabukları şeker ve yumurta akı ile iyice ovulup limon suyu ve su konup karıştırılır.
2. Kaşık ile bastırırak tel süzgeçten geçirilir. Buz kalıplarına boşaltılıp, buzdolabının buzluğunda dondurulur. (Ara sıra karıştırılır.)

Not:

1) Buzdolabının en soğuk ayarı açılmalıdır.
2) Pastane dondurmaları özel dondurma makinasında (soğutucu ve karıştırıcı) yapıldığı için başarılıdır.
3) Portakal dondurması da aynı şekilde yapılır.

FRİGO

MALZEMELER:

- Yarım su bardağı pudra şeker
- 1 küçük paket margarin (yumuşak-125 gr.)
- 2 çorba kaşığı kakao
- 4 yumurta akı
- 200 gr. krem şanti

YAPILIŞI:

1. Margarin ile kakao iyice karıştırılır.
2. Yumuşak akları çırpılıp kar haline getirilir. Kaşık kaşık kakaolu yağa ilâve edilir.
3. Krem şanti pudra şekerle karıştırılır. (Fazla karıştırılmaz, çünkü bozulur.)
4. Hepsi birbirine karıştırılıp ıslak buz kalıbına boşaltılır. Buzdolabında dondurulur. İstenen biçimde dilimlenir.

Not: İçine dövülmüş fındık, fıstık da konabilir.

LOKUM

MALZEMELER:

- 1 kg. şeker (5 su bardağı)
- 90 gr. nişasta (3,5 dolu çorba kaşığı)
- 1 kahve kaşığı krem tartar
- 1 su bardağı kavrulmuş fındık
- 1 su bardağı hindistan cevizi rendesi

YAPILIŞI:

1. Şeker, 4 su bardağı ile kaynatılıp köpükleri alınır.
2. Nişasta 1 bardak su ile ezilip kaynayan şekerli suya ilâve edilir. Karıştırarak pişirilir, koyulaştırılır.
3. Lokumun kıvamı şöyle anlaşılır: İçine temiz bir kaşık batırılıp soğutulur. Sakız gibi uzuyorsa olmuştur.
4. Hindistan cevizi serpilmiş tepsiye boşaltılıp yayılır. Üzerine biraz nişasta serpilir ve bir gün bekletilir.
5. Ertesi gün nişastalar temizlenir. Yüzeyi kuru ise biraz su ile ıslatılır.
6. Tam kenarına sıra halinde fındık konur. Sarılarak silindir yapılır. Kenarları yapıştırılır.
7. İki parmak eninde dilimlere kesilip hindistan cevizi ile kaplanır.

KESTANE ŞEKERİ

MALZEMELER:

- 1 kg. kestane
- 750 gr. toz şeker (3,5-4 su bardağı)
- 2,5 bardak su
- 1 paket vanilya

YAPILIŞI:

1. Kestanelerin dış kabukları soyulur. Parçalanmıyacak şekilde biraz haşlanıp iç kabukları çıkarılır.
2. Bir tencerede şeker ve su kaynatılır. Kestaneler içine atılıp 3 saat çok hafif ateşte pişirilir.
3. Ateşten alınıp ertesi güne kadar şurubunda bekletilir.
4. Ertesi gün daha hafif ateşte 3 saat daha pişirilir.
5. Vanilya konur. Soğuyunca kestaneler birer birer yaldızlı kâğıtlara sarılır.

FINDIKLI FONDAN

MALZEMELER:

- 2,5 su bardağı şeker
- 2 su bardağı çekilmiş fındık
- 1 kahve kaşığı limon suyu (fazla koymayınız)

YAPILIŞI:

1. Şeker bakır bir tencerede üzerini örtecek kadar su ile kaynatılır.
2. Koyulaşınca ateşten alınır. (Kıvamın olduğu şöyle anlaşılır: Bir fincan soğuk suya 2-3 damla damlatılır; damlalar lokum yumuşaklığında olmalıdır.) Limon suyu konur.
3. Ilıyınca karıştıra karıştıra beyazlaştırılır.
4. Çekilmiş fındığın yarısından fazlası konup yoğrulur. Küçük toplar yapılıp kalan fındık ile kaplanır.

Not: Şeker, aynı miktar süt ile kaynatılırsa sütlü fondan olur. Şeker ile sütü kaynatılırken devamlı karıştırmak gerekir.

FISTIKLI ÇİKOLATA

MALZEMELER:

- 100 gr. kakao
- Yarım su bardağı pudra şeker
- 100 gr. fındık
- 50 gr. iç yeşil fıstık
- 1 yumurta
- 2-3 çorba kaşığı meyve likörü

YAPILIŞI:

1. Porselen bir kâseye kakao, pudra şeker, yumurta, likör konur. Su buharında karıştırılır.
2. Kıyılmış fındık ilâve edilip yoğrulur. Küçük toplar yapılıp yeşil fıstıkla kaplanır.

TAVUK GÖĞSÜ

MALZEMELER:

- 1 litre süt
- Yarım küçük paket margarin (65 gr.)
- 2,5 kahve fincanı un
- 2,5 kahve fincanı şeker

YAPILIŞI:

1. Bakır bir tencerede yağ ile un çok açık pembe kavrulur, 1 litre süt ve şeker konup karıştırarak pişirilir. Kaynayıp koyulaşınca ateşten alınır.
2. Mikserle 15-20 dakika çırparak sakızlaştırılır. Islatılmış 20-25 cm. çapındaki cam tabak veya tepsiye boşaltılıp buzdolabında soğutulur. Dilimlenip servis yapılır.

NUGA

MALZEMELER:

- 1 su bardağı fındık veya badem
- 1 su bardağı pudra şeker
- 10-15 damla limon suyu

YAPILIŞI:

1. Pudra şeker bakır bir tencere içinde orta hararetli ateşe konur. 10-15 damla limon sıkılır.
2. Şeker eriyince kavrulmuş ve çekilmiş fındık veya badem konur. Hızlı karıştırılır.
3. Zeytinyağı ile hafif yağlanmış mermer üzerine alınır. Yağlanmış merdane ile yarım santimetre kalınlığında açılır. Soğumadan istenen biçimde kesilir. (Avuç içinde küçük toplar da yapılabilir.)

AYVA ŞEKERLEMESİ

(Jöle)

MALZEMELER:

- 1 kg. ayva
- 6 bardak su
- 1 limon
- Şeker (elde edilen meyve suyu kadar)
- 3-4 çorba kaşığı hindistan cevizi rendesi

YAPILIŞI:

1. Ayva yıkanır. Dilimlenip, kabuklu ve çekirdekli olarak 6 bardak su ve limon suyu ile iyice haşlanır.
2. Islatılıp sıkılmış temiz bir tülbent içine konur. Sıkılarak suyu çıkarılır.
3. Elde edilen meyve suyu bardakla ölçülür. Meyve suyu kadar şeker konup kaynatılır.
4. Kıvamını anlamak için şu deney yapılır: Kaşık batırılıp çıkarıldığında kaşık, peltemsi bir tabaka ile kaplanmalıdır.
5. Buz kalıbı ıslatılıp jöle boşaltılır. Bir gece veya 5-6 saat beklenir.
6. Sonra kalıptan çıkarılıp istenen biçimde kesilir. Hindistan cevizi rendesi ile kaplanır.

Not: Tülbentte kalan ayva kevgirden geçirilip şeker ve limon suyu ilâvesiyle marmelât yapılabilir.

KOLAY BONBON

MALZEMELER:

- 250 gr. bisküvi
- 1 su bardağı pudra şeker
- 1 büyük paket margarin (250 gr.)
- 2-3 çorba kaşığı kakao (veya daha az)
- 2-3 çorba kaşığı çekilmiş fındık
- 3 çorba kaşığı hindistan cevizi rendesi

YAPILIŞI:

1. Yağ ile şeker porselen bir kâsede karıştırılıp krem haline getirilir.
2. Dövülüp elenmiş bisküvi, kakao, fındık konup yoğrulur.
3. Küçük toplar yapılıp hindistan cevizi rendesi ile kaplanır.
4. Buzdolabında soğutulur.

MOZAİK PASTA YAPMAK İÇİN:
250 gr. bisküviyi elinizle kırınız. 250 gr. margarin, 1 su bardağı pudra şeker, 2-3 kaşık kakao ve 1 yumurtayı iyice çırpınız. 2-3 kaşık süt katınız. Kırılmış bisküvileri ilâve edip karıştırınız. Parşömen veya aliminyum kâğıda rulo halinde sıkıca sarınız. Buzlukta dondurduktan sonra kâğıdı çıkarıp dilimleyiniz.

Kısa Bilgi: *İyi ve akıllı bir beslenme ile sağlık her yaşta yeniden elde edilir.*

BÖLÜM 8

Annemin Yemekleri

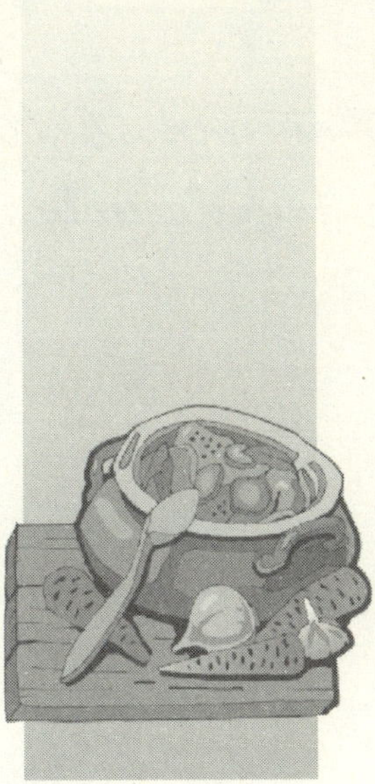

Annemin Anısına
Saygılarımla...

PÜR LEZZET

MALZEMELER:

- 6 patlıcan
- 300 gr. kıyma
- Yarım küçük paket margarin (65 gr.)
- 2 soğan
- 3-4 sivri biber
- 2-3 domates
- Yarım demet maydanoz, dereotu
- 2 kahve kaşığı tuz
- 1 kahve kaşığı karabiber

YAPILIŞI:

1. Patlıcanlar uç kısmından başlayarak ocakta közlenir.
2. Soyulup ince ince kıyılır. Yağlanmış küçük bir tepsiye yerleştirilir.
3. İnce doğranmış soğan, biber ve kıyma yağda kavrulur.
4. Soyulup doğranmış domates, tuz, karabiber konup karıştırılır. Ateşten alınınca ince doğranmış maydanoz dereotu ilâve edilir.
5. Bu harç, tepsiye yerleştirilmiş patlıcanların üzerine yayılıp kapak kapatılır. Hafif ateşte bir kaç dakika pişirilir.

KARA KIZ KÖFTESİ

MALZEMELER:

- 2 su bardağı ince bulgur
- 2 çorba kaşığı un
- 1 çorba kaşığı nişasta
- 1 yumurta akı
- 2 çay kaşığı tuz
- 1 çorba kaşığı kuru nane

SOSU İÇİN:

- 1 su bardağı zeytinyağı veya ayçiçek yağı
- 3-4 diş sarımsak
- 1 çorba kaşığı biber salçası
- 1 tatlı kaşığı kırmızı biber
- 1 demet maydanoz
- 1 kahve kaşığı kimyon

YAPILIŞI:

1. Bulgur bir tencereye konur. Üzerine 1,5 bardak kaynar su dökülüp kapak kapatılır.
2. Bulgur kabarınca, un, nişasta, yumurta akı, kuru nane, tuz konup iyice yoğrulur. (Gerekirse ara sıra su serpilir.)
3. Küçük toplar yapılıp ortaları parmak batırılarak çukurlaştırılır. Kaynar tuzlu suda 5-6 dakika haşlanır.
4. Sudan alınıp servis tabağına konur.
5. Sarımsak ayıklanıp dövülür. Kızgın zeytinyağına ilâve edilip karıştırılır. Biber salçası, kırmızı biber, kimyon, tuz atılıp köftelerin üzerine dökülür ve karıştırılır.
6. İnce doğranmış maydanoz yaprakları ile süslenir.

ORUK

MALZEMELER:

- 750 gr. yağlı kıyma (Kıyma çekilirken 2-3 yumurta kadar kuyruk yağı ilâve edilmelidir.)
- 2 su bardağı ince bulgur
- 1 soğan
- 1 avuç kuru nane yaprağı
- 1 kahve kaşığı tuz
- 1 yumurta

YAPILIŞI:

1. Kıyma, bulgur, rendelenmiş soğan, tuz, karabiber, nane ve yumurta iyice yoğrulur. (Ara sıra su serpilir.)
2. Uzun köfteler yapılır. Yağlanmış şişlere geçirilir.
3. Kömür ateşinde veya elektrikli ızgarada pişirilir.

EKŞİLİ

MALZEMELER:

- 4 çorba kaşığı sumak (dövülmemiş)
- 4 su bardağı su
- 1 çorba kaşığı un
- 250 gr. kıyma
- Yarım küçük paket margarin (65 gr.)
- 1 kuru soğan
- 1 çorba kaşığı biber salçası
- 2-3 sivri biber
- Tuz, karabiber
- 1 su bardağı ince bulgur
- 1 demet maydanoz
- 3-4 taze soğan

YAPILIŞI:

1. 4 çorba kaşığı sumak, 4 bardak su ile iyice kaynatılır.
2. Bir kaşık un, yarım bardak su ile ezilip kaynamakta olan sumaklı suya katılır. Ateşten alınıp durulmaya bırakılır.
3. İnce doğranmış soğan, biber ve kıyma yağ ile kavrulur. Biber salçası, tuz, karabiber konur.
4. Bu harca, durulmuş sumak suyu süzülerek ilâve edilir. Kaynayınca 1 bardak ince bulgur katılıp orta ateşte pişirilir.
5. Sulu olarak ateşten alınıp karıştırılır. Servis tabağına alınıp üzerine ince doğranmış taze soğan ve maydanoz serpilir.

TENCERE BÖREĞİ

MALZEMELER:

- 4 yufka
- 4 yumurta
- 1 büyük paket margarin (250 gr.)
- 250 gr. beyaz peynir (Bir büyük paket margarin kadar)
- 250 gr. kaşar peyniri
- 1 su bardağı süt
- Yarım demet maydanoz, dereotu
- 1 kahve kaşığı karabiber
- 1 kahve kaşığı kırmızı biber

YAPILIŞI:

1. Dibi yuvarlak 30-35 cm. çapında bir tencere yağlanır. Yufkanın bir tanesi kenarlarından eşit sarkacak şekilde yerleştirilir.
2. Kalan 3 yufka iyice didiklenir.
3. Beyaz peynir, kaşar peyrri rendelenir. Kırmızı ve karabiber, kıyılmış maydanoz, dereotu karıştırılır.
4. Yufka ve peynir karışımı kat kat tencereye yerleştirilir.
5. Yumurta, erimiş yağ ve süt çırpılır. Yufkanın üzerine gezdirerek dökülür. (1 fincan kadar üzeri için ayrılır.)
6. Sarkan yufkalar tencerenin içine toplanır. Ayrılan karışım sürülüp orta hararetli fırında pişirilir. (İçinin iyi pişmesi için uzun süre pişirmeye dikkat etmelidir.)
7. Servis tabağına ters çevrilip, dilimlenir.

AKITMA

MALZEMELER:

- 1 su bardağı süt
- 1 su bardağı su
- 1 tatlı kaşığı şeker
- Yarım kibrit kutusu kadar yaş maya
- 1 tatlı kaşığı tuz
- 1-2 yumurta (toprak sacı yağlamak için)
- 1 küçük paket tereyağı ve margarin (125 gr.)
- Aldığı kadar un

YAPILIŞI:

1. Yaş maya, 1 tatlı kaşığı şeker 1 bardak süt ile ezilir. Sonra 1 bardak su ilâve edilir.
2. Elenmiş un ve tuz konarak sulu bir hamur yapılır. (Hamurun üzeri örtülür. Ilık bir yerde mayalandırılır.)
3. Toprak sac ısıtılır. Üzerine 1 yumurta kırılıp pişirilir. Yumurta akı ayrılır; sarısı saca sürülerek yağlanır.
4. Mayalanan hamur 1 veya 2 fincanlık cezve ile alınıp toprak sacın ortasına dökülür. Cezvenin tersi ile 10-12 cm çapında yayılır.
5. Her iki taraf pişince sactan alınıp yağlanır. Yumuşak kalması için üzeri örtülür.

Not: Akıtmayı pişirirken, her sefer sacı daha önce pişirdiğiniz gibi yumurta sarısı sürerek yağlayınız.

HAVUÇLU KEK

MALZEMELER:

- 4 yumurta
- 1 su bardağı erimiş yağ
- 2,5 su bardağı şeker
- 3 su bardağı un
- 3 su bardağı ince rendelenmiş havuç
- 1 su bardağı dövülmüş ceviz
- 1 tatlı kaşığı limon kabuğu rendesi
- 1 paket vanilya
- 2 tatlı kaşığı tarçın
- 1 tatlı kaşığı kabartma tozu
- 1 fiske tuz

YAPILIŞI:

1. Ortası delik yuvarlak kalıp yağlanır, unlanır.
2. Havuçlar kazınıp ince rendelenir, ceviz dövülür, fırın ısıtılır.
3. Bakır bir tencerede yumurtalar ile şeker iyice çırpılır.
4. Erimiş yağ, rendelenmiş havuç, dövülmüş ceviz, tarçın, kabartma tozu, vanilya, limon kabuğu rendesi ve tuz konur.
5. Elenmiş un ilâve edilir karıştırılır.
6. Kalıba boşaltılıp orta ısılı fırında 40-45 dakika pişirilir.
7. Soğuyunca kalıptan çıkarılıp servis tabağına alınır.

Kısa Bilgi: *Yumurtaları kırınca kabukları parmak ile sıyırınız. Sıyırmazsanız 10 yumurtadan birini atıyorsunuz demektir.*

ANADOLU ÇÖREĞİ

MALZEMELER:

- 1 su bardağı yoğurt
- 1 su bardağı su
- Yarım kibrit kutusu kadar yaş maya
- 2 yumurta (1 yumurta hamura, 1 yumurta sarısı üzerine sürülecek)
- Yarım su bardağı tahin
- 1 su bardağı zeytinyağı veya ayçiçek yağı
- 1 su bardağı ince dövülmüş ceviz
- 1 kahve kaşığı yenibahar
- 2 kahve kaşığı şeker
- 3 kahve kaşığı tuz
- Aldığı kadar un (Yumuşak bir hamur yoğrulacak.)

YAPILIŞI:

1. Bira mayası, yoğurtla ezilir. 1 bardak su, 2 kahve kaşığı şeker, 1 yumurta tuz konup karıştırılır.
2. Aldığı kadar elenmiş un ile yumuşak bir hamur yapılır. Ilık bir yerde üzeri örtülü olarak mayalandırılır. (Hamur iki misli kabarmalıdır.)
3. Hamur ikiye ayrılır. Bir tanesi unlanmış yere alınıp elle bastırarak inceltilir. Üzerine zeytinyağı tahin karışımı sürülüp bohça gibi katlanır. Üzeri örtülerek dinlendirilir.

4. Hamur tekrar elle açılabildiği kadar açılıp bu sefer üzerine ceviz, tahin, zeytinyağı, yenibahar karışımı sürülür, bir uçtan başlayarak iki parmak genişliğinde sarılır.
5. Sarılan bu hamurun sol ucu içe, sağ ucu ise dışa döndürülerek burulur.
6. Sonra uçtan başlıyarak kendi etrafında sarılır ve yuvarlak bir çörek yapılır. (Son uç, alta gizlenir.)
7. Yağlanmış tepsiye alınıp yumurta sarısı sürülür. Orta hararetli fırında pişirilir.

Not: İstenirse üzerine yumurta süründükten sonra susam ve çörek otu serpilir.

BİSKÜVİLİ PELTE

(Limonlu-Portakallı)

MALZEMELER:

- 250 gr. hazır bisküvi
- 3/4 su bardağı limon suyu (1 bardaktan az)
- 1 su bardağı şeker
- 2 çorba kaşığı nişasta
- 2 bardak su
- 2 yumurta
- 1 küçük paket margarin (125 gr.)

YAPILIŞI:

1. Rendelenmiş limon kabuğu ile şeker kaşıkla ezilir, limon suyu ve 2 bardak su konup karıştırılır, süzülür.
2. 2 yumurta ile nişasta biraz limonata ile ezilir. Sonra limonatanın hepsi katılıp karıştırarak pişirilir. Koyulaşınca 1 paket yağ katılır (125 gr.).
3. 25 cm çapında bir tepsi veya kalıp ıslatılır. Bu pelteden 3-4 kaşık konup yayılır.
4. Kalan sıcak pelteye küçük küçük kırılmış bisküvi katılıp karıştırılır. Kalıba boşaltılıp kaşıkla bastırarak düzeltilir.
5. Buzdolabında 5-6 saat veya bir gece bekletilip tabağa ters çevrilir.

Not: İsterseniz pelte yerine kakaolu krema da yapabilirsiniz. 2 yumurta, 2 kaşık kakao, 1 bardak şeker, 2 kaşık nişastayı karıştırıp yarım litre süt katarak pişirin. Ateşten alınca 1 küçük paket margarin (125 gr.) katıp karıştırın. Sıcak olarak kullanın.

YOĞURTLU JÖLE

MALZEMELER:

- 1 su bardağı yoğurt (taze ve fazla suyu süzülmüş)
- 100 gr. hazır bisküvi (dövülmüş)
- Yarım su bardağı fındık (dövülmüş)
- 1 paket jöle
- 4 şeftali (mevsime göre istenen her meyve kullanılır.)

YAPILIŞI:

1. Jöle 2 su bardağı sıcak su ile eritilir. Sonra 1 bardak soğuk su konur. Elde edilen sıvı üç kısma ayrılır.
2. Islatılmış 20-25 cm. çapındaki tepsiye jölenin 1/3'ü konur. Soyulup dilimlenmiş şeftaliler yerleştirilir. Jöle donuncaya kadar buzdolabında bekletilir.
3. 1 bardak yoğurt ile jölenin diğer 1/3'ü iyice karıştırılır. Meyveli jölenin üzerine yayılır. Yine buzdolabında dondurulur.
4. Dövülmüş bisküvi ile fındık, jölenin son kalan 1/3'ü ile karıştırılır. Katı olursa 1-2 kaşık su ilâve edilir. Yoğurtlu jölenin üzerine yayılır. Yine buzdolabında dondurulur.
5. Kalıp birkaç kere ılık suya batırılır. Servis tabağına ters çevrilir.

KURABİYE MUTİ

MALZEMELER:

- 2 yumurta
- 1 su bardağı yoğurt
- 1 su bardağı erimiş margarin
- 1 su bardağı zeytinyağı veya ayçiçek yağı
- 1,5 su bardağı şeker
- 2 su bardağı çekilmiş ceviz veya fındık
- 1 limon kabuğu rendesi
- 2 çay kaşığı kabartma tozu
- Aldığı kadar un

YAPILIŞI:

1. Derince bir kapta malzemeler el ile iyice karıştırılır.
2. Aldığı kadar un ile ele yapışmayan yumuşak bir hamur yapılır.
3. Yumurta büyüklüğünde parçalara ayrılıp yuvarlanır, hafifçe bastırılıp tepsiye dizilir.
4. Orta hareretli fırında açık pembe pişirilir.

ASLAN SÜTÜ

MALZEMELER:

- 1 litre süt
- 1 su bardağı toz şeker
- 3 çorba kaşığı tel şehriye (silme)
- 1 çorba kaşığı nişasta
- 2 çorba kaşığı iç yeşil fıstık
- 1 ç orba kaşığı badem
- 1 çorba kaşığı iç fındık
- 1 çorba kaşığı hindistan cevizi rendesi
- Yarım paket vanilya

YAPILIŞI:

1. Badem ve yeşil fıstık bir taşım kaynatılıp kabukları soyulur.
2. Badem, fıstık ve fındık ince ince kıyılır veya havanda dövülür.
3. Tel şehriye ateşte pembe olarak kavrulur.
4. Süt ile şeker kaynatılır. Kavrulmuş şehriye ilâve edilir.
5. Nişasta yarım bardak su ile ezilir. Kaynamakta olan süte katılıp devamlı karıştırılır.
6. Son olarak, badem, fıstık, fındık ve hindistan cevizi ile vanilya ilâve edilir.
7. Kâselere boşaltılır.

MAYALI ELMALI TORTE

MALZEMELER:

- 4,5 su bardağı un
- Yarım kibrit kutusu kadar yaş maya
- 1,5 kahve fincanı şeker
- 4 kahve fincanı süt (ılık)
- 1/3 paket margarin (yaklaşık 90 gr.)
- Yarım çay kaşığı tuz
- Limon kabuğu rendesi

MEYVESİ:

- 1-1,5 kg. mayhoş elma
- Yarımsu bardağı çekirdeksiz üzüm
- 1 kahve fincanı galeta unu
- 2 kahve fincanı toz şeker
- 2 tatlı kaşığı tarçın

ÜZERİ İÇİN:

- 2,5 su bardağı un
- 3/4 paket margarin (190 gr.)
- Yarım su bardağı dövülmüş fındık

MAYALI HAMURUN YAPILIŞI:

1. Ilık süt içinde şeker ve maya eritilir. Margarin limon kabuğu rendesi, tuz ve elenmiş un konup yumuşak bir hamur yapılır. Üzeri örtülerek iki misli oluncaya kadar mayalandırılır.
2. Mayalı hamur yağlanmış fırın tepsisine kenarları biraz yüksek olarak el ile yayılır.
3. İnce elma dilimleri sırt sırta yerleştirilip üzüm konur. Üzerine önce galeta unu sonra tarçınlı şeker serpilir.
4. 2,5 bardak un ile margarin (190 gr.) bir tutam tuz ilâvesi ile yoğrulup buzlukta dondurulur. Elmaların üzerine rendelenir.
5. İri dövülmüş fındık serpilip orta ısılı fırında pişirilir.

KARADENİZ KEKİ

MALZEMELER:

- 5 yumurta
- 2,5 kahve fincanı şeker
- 1,5 su bardağı iç fındık (200 gr.)
- 1 limon kabuğu rendesi
- 1 kahve fincanı galeta unu

YAPILIŞI:

1. Kalıp yağlanır, unlanır. Fırın ısıtılır. Fındık çok ince olarak makinada çekilir.
2. Bakır bir tencerede yumurtalar, şeker ve limon kabuğu çırpılıp iyice koyulaştırılır.
3. Çekilmiş fındık ve galeta unu konup kaşıkla karıştırılır.
4. Kalıba boşaltılıp orta ısılı fırında 35-40 dakika pişirilir.

ÜZERİNE:

Bir kâsede 1 su bardağı pudra şekere 2-3 çorba kaşığı sıcak su azar azar konarak karıştırılır ve ezilmiş yoğurt kıvamına getirilir. Kalıptan çıkarılan kekin üzerine yarısından çoğu dökülüp bıçakla yayılır. Kâsede kalana 1-2 tatlı kaşığı kakao elenir. Karıştırılıp kekin üzerine istenen şekle göre dökülür. İki renk birbirine kaynaştırılır. Donması beklenir.

ALMAN KEKİ

MALZEMELER:

- 4 yumurta
- 3 kahve fincanı şeker
- 1,5 su bardağı un
- 1 su bardağı patates nişastası
- 2 limon kabuğu rendesi
- 1 çorba kaşığı limon suyu (varsa 1-2 damla limon esansı)
- 2 çay kaşığı kabartma tozu
- 1 paket vanilya
- 1 büyük paket margarin (250 gram, yumuşak)

YAPILIŞI:

1. Kalıp yağlanır, unlanır. Fırın ısıtılır.
2. Cam kâsede yağ ile şeker krem haline getirilir. Yumurta sarıları, limon kabuğu rendesi ve limon suyu konur.
3. Yumurta akları çırpılıp kar haline getirilir; şekerli yağa katılır.
4. Un, patates nişastası, kabartma tozu, vanilya karıştırılıp elenerek ilâve edilir.
5. Kaşıkla karıştırılıp kalıba boşaltılır. Orta ısılı fırında 35-40 dakika pişirilir.

ÜZERİNE:

Bir kâsede 1 su bardağı pudra şeker 2-3 çorba kaşığı sıcak su azar azar konup karıştırılır. Ezilmiş yoğurt kıvamına gelince, kalıptan çıkarılmış soğuk kekin üzerine dökülüp bıçakla yayılır.

DONDURMALI YANARDAĞ PASTASI

MALZEMELER:

- 5 yumurta
- 1 su bardağı şeker
- 1,5 su bardağı un, yarım su bardağı patates nişastası
- 1 limon kabuğu rendesi ve bir kaşık limon suyu
- 1 çay kaşığı vanilya ve 1 çay kaşığı kabartma tozu
- Pastayı nemlendirmek için 1 kahve fincanı likörlü su

DONDURMA İÇİN:

- Kaymaklı veya vanilyalı dondurma (sayfa 277-278)

ÜZERİ İÇİN:

- 4 yumurta
- 3 kahve fincanı şeker
- Yarım paket vanilya

YAPILIŞI:

1. 25 cm. çapında kalıp yağlanır, unlanır, fırın yakılır.
2. Yumurtalar, şeker ve limon kabuğu rendesi iyice koyulaşıncaya kadar çırpılır. Elenmiş nişasta-un vanilya, kabartma tozu karışımı konup karıştırılır. Kalıba boşaltılıp orta ısılı fırında 35-40 dakika pişirilir. Soğuyunca kalıptan çıkarılır.

3. Enine iki parçaya kesilir. Parçalar soğuk likörlü şekerli su ile ıslatılır. Arasına dondurma konur. Buzlukta soğuk olarak saklanır.
4. 3 kahve fincanı şeker, 2 fincan su ile kaynatılıp çok koyu bir şurup yapılır. Yumurta akları çırpılır, katı kar haline getirilir. Kaynar şurup dökülüp karıştırılır. Vanilya konur.
5. Soğuyunca altta biriken şurubu almadan krema torbasına doldurulur. Pastanın üzerine dağ biçiminde sıkılır.
6. Sofraya getirilirken pastanın tepesine saf alkole batırmış bir kesme şeker konur ve yakılır. Şeker karamelize olarak yanıp aşağı doğru akar.

Not: Pastanın etrafı mevsim meyveleri ile süslenir.

ISPANAKLI HAZIR YUFKA BÖREĞİ

MALZEMELER:

- 1 kg. ıspanağın yaprağı (kök ve sapları yemek yapınız.)
- 4 kaşık sıvı yağ (ıspanağı kavurmak için)
- 2 soğan, 2 sivri biber
- Tuz-karabiber
- 4 yufka
- Yarım su bardağı erimiş yağ
- 1 yumurta
- Çörek otu

YAPILIŞI:

1. Ispanak yaprakları yıkanıp kıyılır.
2. İnce doğranmış soğanla biber yağda pembeleştirilir. Ispanaklar konup karıştırarak kavrulur. Tuz, karabiber atılır.
3. Yarım bardak erimiş yağın üzerine ılık su konup karıştırılır.
4. Her yufka ayrı ayrı sulu yağ karışımı ile yağlanıp bohça gibi dörde katlanır. (Aralar da yağlanır.)
5. Her yufka dört kare parçaya kesilip ortasına ıspanak kavurması konur.
6. Dört ucu ortaya getirilip, tepsiye ters çevrilir. (Hepsi 16 adet börek)
7. Üzerine yumurta sarısı sürülüp istenirse çörek otu serpilir. Fırında pişirilir.
8. Sıcak servis yapılır.

Not: İstenirse böreklere, ıspanakla beraber 1 dilim sucuk ve 1 dilim taze kaşar da konabilir.

MANİSA KEBABI

MALZEMELER:

KEBAP İÇİN :

- 750 gr. süt danası kuşbaşı et (küçük doğranmış)
- 3 kaşık sıvı yağ
- 2 soğan, 2 biber, 2 domates (veya yarım kaşık salça)
- 1 paket yemeklik mantar (200 gr.)
- Tuz-karabiber

KREP HAMURU İÇİN:

- 3 yumurta
- 1 su bardağı + 1 çorba kaşığı ilâve un
- 2 su bardağı süt
- 1 kahve kaşığı tuz
- 1 çorba kaşığı erimiş yağ

YAPILIŞI:

1. Düdüklü tencereye et, ince doğranmış soğan, biber, domates, tuz, karabiber, yıkanıp 2-3 parçaya bölünmüş mantar konup karıştırılır.
2. Kapak kapatılıp ocağa konur. Buhar çıktıktan sonra hesap edilmek üzere 20 dakika pişirilir. (Et, yağına kalmalıdır.)
3. KREP YAPILIŞI: Bir kapta yumurtalar, tuz, erimiş yağ ve un, azar azar süt konup ezilir. Sütün tamamı konup sulu bir hamur yapılır.
4. Küçük bir tava yağlanır. Bu hamurdan küçük bir kepçe konup yayılır, pişirince ters çevrilir.
5. Pişen krepler tavadan alınıp yarısına 1 kaşık mantarlı kebap konur. İkiye katlanır. Servis tabağına sırt sırta yerleştirilir.

2001 and 2003
GOURMAND
WORLD COOK
BOOK AWARDS

GÖNÜL CANDAŞ'ın mutfağından

16. baskı

Türk mutfağına özgün yemek tarifleri

 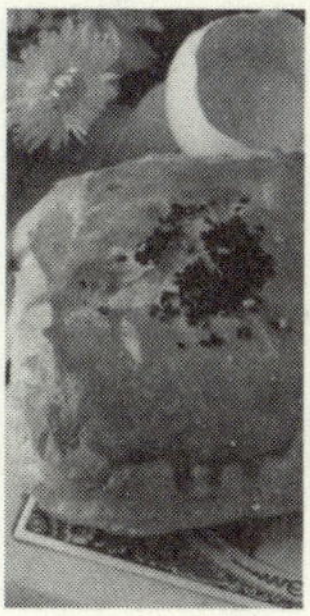  

Çorbalar Etler Sebzeler Salatalar Pilavlar Börekler Tatlılar Kekler Reçeller

arkadaş

2001 and 2003
GOURMAND
WORLD COOK
BOOK AWARDS
GONUL CANDAS'
turkish
table
4th Edition
arkadaş